På denne 21. dag i sept. på Lat. 000.
ængde 81°03' V. har Brazilian Reefer bound
for Antwerpen vist sig i vor kgl. domæne. Skibet og
alle ombord er blevet behörigt inspiceret af Vi
og vort kgl. hof, hvorfor Ole Olesen
er blevet fundet værdig til at indtræde som
medlem blandt vore trofaste fiskestimer;
idet han er döbt SILDEN
Givet under vor kgl. hånd og segl.
den 21. sept. 1958.
Davey Jones
skr.
Neptunus Rex.

Hoffmann und Campe MARITIM
herausgegeben von
Wolfgang Friederichsen

Peter Gerds

Schiffstaufen und Äquatortaufen

Hoffmann und Campe 1984

Die älteste bekannte Darstellung einer Taufe an Bord. Französisches Schiff, 17. Jahrhundert

Taufen und Hänseln

Die Taufe ist nach dem Alten Testament eine heilige, fast bei allen orientalischen Völkern vorkommende Abwaschung und Reinigung, eine rituelle Handlung. Die Waschungen sind im antiken Mysterienwesen wie auch in orientalischen Religionen bezeugt. Neben den Wassertaufen gab es teilweise die Bluttaufen mit Stier- und Widderblut. Ihre größte religiöse Bedeutung fand diese Reinigung in der christlichen Taufe. »Darumb gehet hin vnd leret alle Völker, vnd teuffet sie im namen des Vaters, vnd des Sons, vnd des Heiligen geist's«, so steht es bei Martin Luther im Matthäus-Evangelium. Die christliche Wassertaufe stellt das Bad der Wiedergeburt dar, ist die sakrale Handlung zur Aufnahme in die Gemeinschaft der Gläubigen. Bei Neugeborenen verband man die Taufe mit der Namensgebung, unterschiedlich nach Zeit, Landschaft und Sitte. Daher auch der Taufname. Im Mittelalter war er zunächst der einzige, bis in das 15. Jahrhundert der eigentlich bedeutsame Name.

Äußerliche Berührungspunkte lassen sich aus der altgermanischen, damals in Skandinavien verbreiteten Sitte herleiten, wonach das Kind vom Vater auf den Arm genommen und mit Wasser begossen wurde. Dabei erhielt es seinen Namen und ein Geschenk.

Das Wort Taufen entstammt der Übersetzung des griechischen »baptizein«, das der Bedeutung von Eintauchen, Untertauchen entspricht. Im Wortschatz der christlichen Goten lautete es daupjan, diups. Dieses Wort gelangte im 5./6. Jahrhundert von Südeuropa über Bayern nach Nordeuropa. Altnordisch – deypa, dänisch – dyppe, angelsächsisch – diepan und dyppan. Im Englischen heißt es heute dip. Vorhanden ist der Stamm in dippen, das Senken und Wiederhissen der Flagge. Aus dem Gotischen daupjan entwickelte sich unser Wort taufen.

Die Handlung des Taufens beschränkte sich nicht nur auf den Menschen, sondern ist seit dem 8. Jahrhundert auch in der Glockenweihe und Glockentaufe nachweisbar. Sie wird dann im 15./16. Jahrhundert vorerst in Spanien zudem auf Schiffe angewandt. Aus dieser Zeit stammen auch die frühesten Zeugnisse für die Taufe am Gürtel der Welt, am Äquator.

Wer von der nördlichen auf die südliche Halbkugel mit einem Schiff reiste und dabei erstmals die unsichtbare Linie, den Äquator, überquerte, mußte eine Taufe über sich ergehen lassen, oder wie es ebenso häufig genannt wurde, er mußte gehänselt werden. Hänseln und Taufen bedeuten in diesem Falle das gleiche, abgesehen von frühen Dankgottesdiensten, häufig mit Taufzeremonien verbunden, nach dem Passieren gefährlicher Seegebiete.

Hänseln hieß, einen Fremden in eine engere Gemeinschaft aufnehmen, zum Beispiel in die Hanse, das norddeutsche Handelsbündnis. Das Wort hansa bedeutete im Gotischen Schar oder Menge. Wer geneigt war, Mitglied einer Schar zu werden, hatte Mut und Standhaftigkeit sowohl körperlicher als auch seelischer Art zu beweisen. Die Prüfungen, die »Probe«, erbrachten den Nachweis für die Aufnahmewürdigkeit. Der Eintritt in die Gemeinschaft hieß daher hansen, hensen, das Ausstoßen dagegen verhansen. Die Probebräuche trugen die Bezeichnung hänseln. Wie weit dieses Wort verbreitet war, geht unter anderem daraus hervor, daß noch 1793 Jean Paul schreibt: »Zu den wichtigen Ämtern muß der Staatsbürger erst gehänselt werden.« In übertragenem Sinn: Er mußte auf die Probe gestellt werden.

Der Neuling hatte der Gemeinschaft seinen Tribut zu zahlen, seinen Einstand zu geben. Dieser alte Brauch ist vor allem in den Genossenschaften der Fuhrleute und der Handwerksburschen, bei Schiffern, Reisenden und Kaufleuten in der Vergangenheit häufig anzutreffen.

Recht eigentümlich war beispielsweise das Hansen in Köln, in einer Stadt, die im Mittelalter das Stapelrecht besaß. Jeder Bürger der Stadt konnte danach einen Kaufmann, der mit seinen Waren Köln umgehen wollte, durch Anbinden mit einem Strohhalm oder Faden ⟨also praktisch nur ein symbolisches Festhalten⟩ zwingen, seine Waren in der Stadt zu lagern. Aus der Hansezeit ist eine ganze Reihe von Hänselbräuchen überliefert, zu denen auch das

Taufe an Bord des französischen Schiffes »Saint Jean-Baptiste« auf einer Reise nach Lima 1708

De Schipper mut op de his (aufs Ungefähr) fahren.

Ein guter Schiffer muß die Zeichen kennen.

»Wiegen« der jungen Kaufmannsstifte gehörte. Hier bekamen die Küper, Männer, die die Waren stapelten und packten, den Kaufmannslehrling beim ersten Betreten des Packhauses in die Hände, stellten ihn auf die Waage und ließen nach dem jeweiligen Lebendgewicht sich einen »Instand« ⟨Einstand⟩ zahlen. Gleiches geschah, wenn ein Küpergeselle Meister wurde.

Zum Hänseln zählte auch das sogenannte Wasserspiel auf der »Bergener Waage«, einer Hafenbucht im norwegischen Bergen. Dabei wurden die Neuankömmlinge von den Einheimischen in das Wasser getaucht, nachdem man gemeinsam mit ihnen in Kähnen ein Stück auf das Meer hinausgefahren war. Jungen und Gesellen des Bergener Kontors schlugen die Täuflinge mit Birkenruten auf den nackten Leib. Die drastischen Hänselbräuche sind bereits ab 1350 in Bergen, einem bedeutenden hansischen Handelszentrum, nachweisbar. Zu diesen Bräuchen, bei denen der Delinquent häufig Schaden an Leib und Seele nahm, gehörten: Das Aufhängen in einem Sack über das Feuer und in den Rauch, das Werfen in den Sumpf, das Baden im eisigen Wasser.

Taufen nannte man im Mittelalter auch die Aufnahme eines Lehrlings in den Gesellenstand. Der die Taufe Vollziehende hieß Pfaffe, seine Hilfskräfte trugen die Namen Glöckner und Paten. Nach dem jeweiligen Beruf wurden die Täuflinge gehänselt, geschliffen, gehobelt oder gedreht. Nachdem die Kirche diese Bräuche, insbesondere in Verbindung mit christlichen Symbolen und Namen kritisiert hatte, änderten sich zwar die Namen, nicht aber der Ritus.

Taufe am Äquator und anderenorts auf hoher See

Die Taufe am Äquator ist der einzige Hänselbrauch in der Schiffahrt, der Jahrhunderte überdauerte. Unmittelbare Ähnlichkeiten zwischen den Zeremonien in Bergen und am Gürtel der Welt liegen auf der Hand, wenngleich die Äquatortaufe bedeutend jünger ist. Der Grund liegt ganz einfach darin, daß sich die Fernschiffahrt erst später entwickelte.

Die wahrscheinlich früheste Beschreibung einer Taufe am Äquator stammt von einem Mönch namens Parmentier, der sie während einer Reise an Bord eines französischen Schiffes 1529 erlebte.

Genauer wird wenige Jahre später ein anderer Mönch, Jean de Léry. Er überquerte 1557 auf einem französischen Schiff ebenfalls die »Linie«, wie Seeleute den Äquator nennen. In einer Übersetzung aus dem Jahre 1706 heißt es in den »Zee- und Landreysen«: »Als wir sind vnder dem Gürtel der gantzen Welt hingefahren, haben die Schiffleute mit sonderlicher Solennitet jhren Gebrauch vnd Gewohnheit mit dem Hänsel begangen. Sie bunden die jenige, welche zuvor nie da gewesen, vund die AEquinoctiallinien vbersegelt hatten, an Seihel, liessen sie von den Schiffen hinunder, dünckten sie vnder Wasser. Sie schwertzten auch Thücher an einem Kessel, vnd machten jhnen das Angesicht damit schwartz. Wer sich wil mit Gelt ablösen, vnd den Schiffleuten etwas verehren, der ist hiervon gefreyhet. Auff solcheweiss werden nun dieselbigen zu einem ewigen gedächtnuss gehänselt, wie dann auch mir dazumal widerfahren ist.«

Recht frühe Hinweise auf eine Taufe an Bord beziehungsweise auf Hänselbräuche liefert ein voluminöses zweibändiges in

Meertaufe am Nordkap 1805

Pergament gebundenes Werk, das ab 1612 in Frankfurt am Main und in den nachfolgenden zehn Jahren gedruckt wurde. Herausgeber und Zeichner der Karten und Figuren war Levinus Hulsius, der das damals bekannte Wissen über berühmte Schiffsreisen zusammenfaßte, einheitlich kommentierte und so ein detailliertes Sammelwerk schuf. Es gehört zu den frühesten Reisebeschreibungen in deutscher Sprache, ist reich illustriert mit Hunderten von Kupfern und vermittelt ein anschauliches und umfassendes Bild über den Stand der Schiffahrt in jener Zeit, vor allem aber über die mit den Reisen verbundenen Aufträge und Absichten.

Ein Kapitel trägt folgende Überschrift: »Ander Theil oder Schiffahrt / so die Hollaendischen acht Schiffe in den Orientalischen Indien verricht / welche Anno 1598 in Martio auß Hollandt gefahren / vnd endlich im Jahr 1600 mit grossem Reichthumb von Pfeffer / Muscatennueß vnd anderer Kauffmannschafft wider heim kommen seynd. / Was jhnen auff solcher Reyse begegnet / vnnd was sie denckwuerdiges observirt vnd gesehen.«

Dieser Teil wurde 1615 gedruckt, und gleich zu Beginn des Reiseberichts heißt es: »Den 11. ⟨Mai 1598 / P. G.⟩ hatten wir die Hoehe von Barrels oder Barlingas, bey Lisbona, vund seynd damals wol 25 Personen auff dem Schiff Gelderlandt getauft worden.«

Von einer Taufe am Äquator ist dann nicht mehr die Rede. Barlingas war zudem ein wichtiger Taufplatz, auf dem diese Zeremonien bereits vorweggenommen werden konnten. Daß man das Ereignis der Äquatorüberquerung dennoch nicht vergessen hatte, geht aus folgenden Bemerkungen hervor: »Den 8. Junij seynd wir vber die Lineam AEquinoctialem gefahren mit einem guten Windt / damahls bekamen vnser sechs oder sieben ein Kanne Wein.« Auf Wein wird dann im Verlaufe der weiteren Reise nach dem Passieren der gefährlichen Felsen von Abrolhos noch einmal verwiesen. »Den 25. Junij bekamen vnser sechs oder sieben drey Kannen Wein wegen der Frewde, daß wir die Truckene von Brasil Abroihos passirt vnd vberwunden hatten.« Das Schiff gelangte an sein Ziel in Malaysia und kehrte mit Gewürzen beladen nach Europa zurück.

Die Reisebeschreibung war auch als Anleitung für die Besatzungen später eintreffender Schiffe gedacht, das geht unter anderem aus dem im Anhang angefügten Wörterbuch »Teutsch – Maleys« hervor. Darin sind solche Passagen zu finden: Ich suche Essenspeysse fuer mein Volck zu essen, deren viele kranck seyn, denn wir vier Monat lang auff dem Meer gewesen seyn«, dazu die entsprechende Übersetzung. Vor-

Der Schiffer
führ nicht
übers Meer,
wenn er verzagt
im Herzen wär.

Der Schiffer hat mehr mit dem Winde als mit dem Meer zu kämpfen.

wiegend getauscht gegen Spiegel, Trinkgläser, Messer, Trompeten, Brillen und Tuch wurden »Ochsen, Boecke, Pomerantzenaepffel, Lemonen, Granataepffel, Bananas, Milch, Honig, Zuckerror, gestossen Reyß vnd vngestossen Reyß, Schaffe«. Die Seefahrt selbst nimmt in diesen Berichten nur wenig Platz ein. Da eine Reise von Holland, Spanien oder Portugal nach Indien oder Brasilien einigermaßen bekannt war, wurde der Hauptanteil der Berichte dem Neuentdeckten gewidmet. Das Leben an Bord war alltäglich, bis auf Ausnahmeerscheinungen, wie Taufe, Sturm, besondere Gefahrensituationen. So wird mit einem Satz nur erwähnt: »Wir sind mit demselbigen Windt vber Tropicum Cancri gefaren« oder »Des Morgens die AEquinoctial Linien vorüber gefahren.«

In einem späteren Bericht über eine andere Reise heißt es kurz und lakonisch: »Dem 12. ⟨November 1600 / P. G.⟩ diß sahen sie die Berlingas vor Lisbona, tauffen allda vnd verhenselten jhre Leut, so nichtmehr da gewesen waren.«

Die schriftlichen Belege für die Linientaufe häufen und mehren sich in der Mitte des 18. Jahrhunderts, und besonders in Stöckleins »Der neue Welt-Bott« – einer mehrbändigen Sammlung von Ereignissen und Geschehnissen, Neuigkeiten und Sonderheiten jener Zeit – sind einige solcher Zeugnisse nachzulesen. 1726 berichtet Stöcklein: »Die Bootsleute hielten allhier ⟨unter der »Linie«⟩ ihre gewinnsüchtige Meer- und Linie-Tauff, da sie alle in dem Meer baaden, welche entweders die Linie niemals passiert sind, oder sich von diesem Gebrauch mit einer Verehrung nicht loskauffen.«

Im »Himmelsbesen...« von Reich/Pagel wird auf den Bericht eines Anonymus aus dem Jahre 1712 verwiesen: »Wann man auff die revier eines Königreiches kommt, darin man noch niemal gewesen, so muß man Hänseln, wie es die Seefahrenden nennen, damit gehet es also zu: Oben an der Raa oder an der Stange querr über an dem großen mittlern Mastbaum machen die Schiffsleute, als der Steuermann, der Bootsmann, der Koch und andere Matrosen ein Seil, in daßselbe einen Prügel, darauf man sitzen muß; der Schiffer steckt die Flagge auß zu wehen; dann wird der, der Hänseln muß, plötzlich herunter ins Wasser gelassen über den Kopf hinaus und solches dreimal, wer dieser Hudelay überhoben sein will, welches sie strictissime hal-

Noch eine Pütz voll Wasser, und die Taufe ist beendet. Auf einem englischen Schiff um 1810

ten, muß sich mit einem Trinkgeld abkauffen.«

Taufen gab es an den unterschiedlichsten Orten. Gibraltar war eine solche Stelle. Ein Missionar namens Zucchelli passierte diese Enge 1698 an Bord eines italienischen Schiffes, und er hinterließ in seinen Aufzeichnungen folgende Bemerkungen: Der größte Dummkopf an Bord wurde zum König gewählt, konnte einen Hofstaat bilden und forderte von jedem, der diese Meerenge noch nicht befahren hatte, eine bestimmte Summe zu bezahlen. Manche Seeleute weigerten sich und mußten ins Wasser, dreimal vom Mast. Zucchelli schreibt: »Der Capitain muste selbsten vor ein Schwein, so er in Neapel gekaufft hatte, ein Stück erlegen, weil es ebenfalls diese Meer-Enge noch nicht passiert war. Das Geld, welches gesamlet, wird allzeit nach Belieben des Capitains zu einem heiligen Wercke angewendet. Sie lassen entweder Seelen-Messen davorhalten, oder schaffen davor der lieben Mutter Gottes etliche Kleider an, oder kaufften einen Zierrath zu einem Altar.«

Solche Bräuche sind zu dieser Zeit nur auf Schiffen aus katholischen Ländern bekannt, vor allem aus Spanien, Italien und Portugal. Ansonsten wurde das hinterlegte Geld meist dazu benutzt, sich besondere leibliche Genüsse zu verschaffen.

Die Taufe bei Gibraltar mußte nicht unbedingt in der Meerenge selbst vollzogen werden, das konnte bereits in Cadiz, etwa achtzig Seemeilen davon entfernt, geschehen. So erwähnt Stöcklein in seinem »Welt-Bott« 1726: »Dem 18. Augusti haben sie den Mund des Hafens von Cadix erreichet, könten aber wegen Gegen-Wind in

Aus »The Adventures of Johnny Newcome in the Navy« von A. Burton, London 1818

denselben nicht einlauffen, sondern setzten sich auf der Rhede vor Ancker und wurden von denen Boots-Leuten zur Todten-Tauff eingeladen, einer gar kurtzweiligen Ceremony, da ein jeder, welcher für das erste mal durch diese African von Europa scheidende Meer-Enge fahrt, entweders im Wasser gebadet, oder sich mit Geld loszukauffen gezwungen wird.«

Taufen hier, Taufen dort. Die befahrenen Seeleute waren erfinderisch bei der Wahl ihrer Hänselsorte, und einige der bekannten sollen vorgestellt werden.

Die Polartaufe war aufgrund der doch relativ seltenen Reisen in diese Gewässer eigentlich eine Randerscheinung und wurde bei der Überquerung des Nördlichen Polarkreises vollzogen. Ursprünglich waren es Walfänger, die den Brauch pflegten, der in diesem Seegebiet seit etwa 1700 bekannt ist. Die Zeremonie war ähnlich der am Äquator, allerdings wurde die Taufe selbst aufgrund der klimatischen Bedingungen kaum in der See vorgenommen. Die Getauften traten anschließend der »Bruderschaft der Grönländer« bei, in die »ehrenvollste Bruderschaft der arktischen

Ein Schiffer darf keinen Wind versäumen.

Seeleute«. Südpolartaufen gab es jedoch selten.

Vor der Ostküste Brasiliens liegt eine weitgefächerte Gruppe von Felsen und kleinen Inseln, bekannt unter dem Namen Abrolhos. Bis zur Mitte des 18. Jahrhunderts, danach wurden die Methoden der Navigation im Vergleich zur vorhergehenden Zeit umfangreicher und sicherer, waren die unerforschten Felsen im Meer bei allen Seeleuten sehr gefürchtet. Wer unbeschädigt die Gefahrenstellen passiert hatte, legte hernach eine wohlverdiente Pause ein. Schiffer aller Nationen pflegten diesen Brauch. Ursprünglich wurden an Bord Dankgottesdienste abgehalten. Es gab Extrarationen an Rum und Wein, und schließlich setzte auch hier das Hänseln ein, wurden Taufen abgehalten.

Weitere Plätze mit ähnlichen Gepflogenheiten waren: Firth of Forth, Nordkap, Cape Finisterre, Cape St. Vincent, die Dardanellen, Kap Race, die Neufundlandbänke, Kap Hoorn und das Kap der Guten Hoffnung, schließlich der Wendekreis des Krebses und des Steinbocks – Tropicus Cancri und Tropicus Capricorni.

Für die letzten zwei einige Belege.

Johann Gottfried Schnabel schreibt in seiner »Insel Felsenburg« 1731: »Da wir denn am 15. Octobr. den Tropicum Capricorni passirten, allwo die Matrosen zwar wieder eine neue Tauffe anstelleten, doch nicht die so scharffe Lauge gebrauchten als unter der Linie.« Also zwei Taufen auf einer Reise!

Im »Universallexikon« von Zedler, erschienen zwischen 1732 und 1754, ist folgendes über die Linientaufe nachzulesen: »Tauffee Fr. batême du Tropique ou de la ligne Equinoxiale, holl. Doop ist bei den Seefahrenden eine weltliche aber alte hergebrachte Gewohnheit, so mit denen gehalten wird, die zum ersten mahl an gewisse Orte gelangen, als wen sie die Linie passiren, auch wohl allein den Wendecreyss oder Tropicum und dergl.« Und Reich/Pagel zitieren das weitere: »Diejenigen, so allbereit dabeygewesen, kleiden sich so seltsam aus, als sie es ersinnen können, mit alten Lumpen, Flachsbärten, Perüquen usw. Einer hat eine Passkarte in seiner Hand, in der andern einen Säbel oder Schuhschwartz, die andern haben Pfannen und Kessel auf den Köpffen, Feuerhacken, Bratspiese, Röste und dergl. in Händen. Dic Neulinge werden einer nach dem andern herzugeruffen, auf den Rand eines Zubers, der mit Wasser gefüllet, gesetzet; man läst ihn die Hand auf die Karte legen und versprechen, dass er mit anderen seines gleichen es künftig auch so halten wolle, wie an ihm jetzo gethan wird, sodenn

Neptun weiß seinen Dreizack zu gebrauchen, 1820

wird ihm Seewasser unter das Gesicht gesprenget; ein Zeichen mit Schwärtze vor die Stirne gemacht, und gefragt, ob er sich mit einem Trinkgelde lösen wolle. Thut er es, so wird er loss gelassen, wo nicht, wird er in den Zuber gestürtzt, und mit Dwailen oder Schiffsbesen lustig gescheuert.«

Johann Reinhold Forster, Naturforscher und Weltreisender, der von 1772 bis 1775 mit James Cook an dessen zweiter Weltreise teilnahm und sich vorwiegend mit wissenschaftlichen Arbeiten an Bord beschäftigte, ⟨Messen von Temperaturen in großen Meerestiefen, Aufbau und Formen von Korallenriffen u.a.m.⟩ läßt in seiner »Reise um die Welt« die Taufe an Bord auch nicht aus. Er schreibt: »Am neunten September 1772 passirten wir die Linie bei einer gelind wehenden Luft. Unsere Matrosen tauften ihre Cameraden, welche sie noch nicht passirt hatten und sich nicht durch Trinkgelder loskaufen wollten. Wer die Salztaufe über sich ergehen ließ, zog, sobald die Operation vorbei war, frische

Die Taufe als überschäumendes Bordfest. Großveranstaltung auf HMS »Bedford«

Wäsche und Kleider an, und da das auf der See, besonders bei heißem Wetter nicht zu oft geschehen kann, so war ihnen das Untertauchen, anstatt eine Strafe zu sein, vielmehr heilsam und gesund. Für die Trinkgelder der Uebrigen wurden starke Getränke angeschafft, und diese vermehrten die Lustigkeit und Laune, welche den herrschenden Charakter der Matrosen ausmacht.«

Es fällt auch wohl einmal ein guter Schiffer über Bord.

Folgende Mitteilungen machte Adelbert von Chamisso nach seiner drei Jahre währenden Entdeckungsfahrt rund um die Welt auf dem russischen Segler »Rurik« unter dem Kommando des Kapitäns Otto von Kotzebue. Das Unternehmen dauerte von 1815 bis 1818, und Chamisso, der in sein Tagebuch schrieb, »das Schiff ist die Heimath des Seefahrers«, überquerte mit der Brigg »Rurik« auch die Linie. »Am 23. November um 8 Uhr Abends durchkreuzten wir zum erstenmal den Aequator. Die Flagge ward aufgezogen, alles Geschütz abgefeuert und ein Fest auf dem Rurik begangen. Die Matrosen, die alle Neulinge waren, wußten nicht recht, was sie thun sollten, und ihr Neptun war ziemlich albern. Aber eine ausnehmende Freudigkeit herrschte unter ihnen, und eine Komödie, die sie aufführten, beschloß spät und ergetzlich den Tag. Punsch war ihnen in hinreichender Menge gereicht worden. Den Beifall, den dieses Schauspiel geerntet, veranlaßte eine zweite Vorstellung, die am 3. Dezember stattfand und noch vorzüglicher ausfiel. Der Steuermann Petroff war diesmal Dichter des Stückes und einer der Hauptdarstellenden. Es war ein rührendes Stück, aber mit gehöriger Ironie aufgefaßt und vorgetragen. Der Kirchengesang bei

der Einsegnung des liebenden Paares bestand in der Litanei sämmtlicher Taue und Leinen des Schiffes unter Anrufung des Herrn Steuermannes.« Zu dieser Zeit war man von den Taufen im offenen Meer fast gänzlich abgekommen, vor allem in den südlichen Gewässern, zum Teil deswegen, weil die Gefahr durch Haifische zu groß war. Die harten Bräuche milderten sich ein wenig. Von der Rah mußte ein Seemann fast nur noch, wenn es hieß: Kielholen. Es sei daran erinnert, daß Kielholen und Taufen an Bord etwas miteinander zu tun hatten, da sie ursprünglich beide von der Rah aus vorgenommen wurden und sich das Kielholen wahrscheinlich aus der Taufe entwickelte. Es wird bereits in einer holländischen Schiffsordnung um 1560 erwähnt und war insbesondere auf holländischen Schiffen verbreitet. Die Seeleute konnten sich dabei nicht nur Arme und Beine brechen, sich tiefe Schnittwunden an dem mit Muscheln besetzten Unterwasserschiff zuziehen, sondern kamen häufig gar nicht mehr lebend an die Wasseroberfläche.

Eine illustre Gesellschaft bei der Taufe, 1830

Das war die schlimmste Abart der vergleichsweisen harmlosen Taufe an Bord, die, das sei allerdings eingeschränkt, so friedlich nicht immer war. Friedrich Wilhelm von Preußen ⟨1620 bis 1688⟩, am Aufbau einer starken Handelsmarine interessiert, erließ ein Dekret, in dem es unter anderem heißt: »Weil den Seefahrenden Leuten vor Alters bewilligt, dass sie auf der Höhe von Barles taufen mögen und dies immer wieder geschieht, ungeachtet, dass oft Unglück daraus entsteht, also dass den Leuten durchs lange Nachschleppen das Blut zu Nase und Maul ausläuft, auch einigen verstickt geblieben« – soll von jedem Neuling eine Kanne Wein an die Speisegemeinschaft gegeben werden. Damit soll das alte Recht abgelöst sein, heißt es in dem Dekret. Auf keinen Fall soll jedoch die Sitte des Taufens ganz verboten werden, steht weiter geschrieben, weil dann ein Unheil zu befürchten sei, »denn die Matrosen werden von dem Seerecht nicht abstehen, solltens auch andere mit dem Tode erkaufen«.

Neptun kommt an Bord

Die jeweilige Taufzeremonie lag in den Händen eines Zeremonienmeisters, später König, Führer, auch Präsident genannt. Seine Macht war beträchtlich, und 1730 gab es noch die Bezeichnung »König und absoluter Herrscher über den Wendekreis«. Zu den frühesten Mitgliedern mancher Taufgremien gehörten die an Bord befindlichen Priester, die in den von Spanien und Portugal eroberten Ländern den Christianisierungsprozeß einleiten oder vorantreiben sollten. Mit dem Verfall der Bräuche traten die Priester immer mehr in den Hintergrund des Bordgeschehens, bis Predigt, Absolution und teilweise auch die christliche Taufe gänzlich verschwanden. Allerdings erschienen als Priester verkleidete Besatzungsmitglieder noch lange an Bord. Sie, nunmehr in einer untergeordneten Rolle, unterstützen den Meeresgott Neptun bei seinen Handlungen, der seit 1750 immer häufiger mit seinem Gefolge an Bord kommt und schließlich die Hauptfigur der Äquatortaufen wird. Der griechische Meeresgott Poseidon dagegen läßt sich sehr selten blicken.

Welche Gründe es waren, die Neptun an Bord brachten, läßt sich nicht eindeutig sagen. Mit großer Wahrscheinlichkeit hatte die Epoche des Barock, in der zahlreiche Göttinnen und Götter der Antike, zum Beispiel Venus, Mars, Merkur, Bacchus und Neptun, erneut auftraten, an prunkvollen und verschwenderischen Festen teilnahmen, einen wesentlichen Einfluß. Neptun, der Meeresgott oder Beherrscher des Meeres, Sohn des Saturn, Bruder des Jupiter, des Pluto und der Juno, erlebte in der Seefahrt eine neue Blüte, die seine Bedeutung in der Antike mit Sicherheit übertraf.

⟨Die heutige Flaschenpost hieß in der Vergangenheit Neptunspost und enthielt schriftliche Nachrichten. Sie wurde vorwiegend bei Unfällen auf See dem Meer übergeben.⟩

Neptun erschien anfangs noch nicht auf allen Schiffen, ursprünglich nannte man ihn nur auf englischen Seglern so, während er bei französischen Seeleuten Bonhomme de la Ligne, manchmal auch Tropicus hieß. Bonhomme war der gutherzige Mensch, die ehrliche Haut, bisweilen der treue, anhängliche, einfältige Tropf. In diesem Wettstreit hat im Laufe der Zeit Neptun den Sieg davongetragen.

Es ist nicht jeder ein Schiffer, der an der Küste wohnt.

Deshalb soll er genauer vorgestellt werden und natürlich auch der ihn umgebende Hofstaat; denn welche Götter kommen schon allein? Neptun erschien meist auf sehr barocke Art. Häufig war er halbnackt, trug einen langen, bis zu den Knien reichenden Bart und eine wilde Mähne, hergestellt aus Tauwerk, Kabelgarn, Wolle und Seegras. Eine Krone schmückte das Haupt des Meeresgottes. Bisweilen war sein Körper geschwärzt oder andersfarbig bemalt. Als Kleidung, wegen der tropischen Temperaturen recht angenehm, trug er einen Lendenschurz, auch eine Delphinhaut, kam hin und wieder in Hemd und Unterhosen, in Ölhaut und Südwester, ja sogar in einer Staatsrobe, in einer von Flitter strotzenden Uniform mit gewaltigen Epauletten. Je bunter und verrückter, desto mehr Spaß für die Besatzung. In der Hand, für einen Meeresgott unumgänglich, den Dreizack, den Fischspeer oder die Harpune. Die Stimme, wie könnte es anders sein, rauh, laut, gewaltig.

Ihm zur Seite erschien die holde Gemahlin Amphitrite, eigentlich eine griechische Göttin und Gemahlin des Poseidon, ebenfalls in unterschiedlichsten Verkleidungen, die von einer Königin bis zum Fischweib reichen konnten. Mit Krone oder Turban auf dem üppig wallenden Haar, einem Nachthemd oder kurzen Röckchen angetan, mit langer Schleppe und dem mit Okkerfarben bemalten Körper stand sie ihrem Gatten nicht nach. Was für ihn das Symbol der Macht war, der Dreizack, das waren für sie ⟨von einem Mann dargestellt⟩ weibliche Attribute wie Kamm, Spiegel, Riechfläschchen oder gar ein Besenstiel. Pagen und Nymphen waren in ihrer Begleitung anzutreffen, und bisweilen gehörte sogar ein »Baby« zur Gesamtausstattung.

Das Gefolge konnte, abhängig von der Größe des Schiffes und der Anzahl der Besatzungsmitglieder, recht unterschiedlich aussehen. Allen voran der Doktor im langen Rock, häufig mit einem darauf genähten Totenkopf. Er trug seine Schachteln mit Pillen, eine Flasche mit Salzwasser oder anderen Tinkturen, ein Skalpell, verschiedene Klammern, Scheren und Messer. Bei großen Taufen benötigte er einen Gehilfen, ebenfalls mit langem weißem Rock angetan, allerdings triefend von blutroter Farbe. Dann der Barbier mit Riesenpinsel und extraordinärem Messer, ferner Priester, bisweilen mit Mitra und Kreuz, oder ein griechischer Pope und die Leibgarde, angeführt vom Polizeichef. Sie alle waren angewiesen, jedem Befehl Neptuns unverzüglich nachzukommen. Dienerschar und Notar rundeten die buntgewürfelte Menge ab, die, entsprechend den Bräuchen des jeweiligen Schiffes oder Landes, den gehörnten Teufel, Nixen, Fakire und Clowns mit sich führte. Die Vorbereitung der Zeremonie lag zumeist in den Händen von Triton, dem Sohn und ständigen Begleiter Neptuns.

⟨Übrigens übernahmen selbst die Luftschiffe diesen Brauch auf der »Linie«. Statt Neptun erschien dort allerdings der Gott der Lüfte, Aeolus.⟩

Wichtige Dokumente der Taufzeremonien waren später die ausgegebenen Taufbriefe, die fast in jeder Flotte nachweisbar sind. Ihre frühesten Datierungen reichen bis 1825. Häufiger sind sie erst im letzten Drittel des vorigen Jahrhunderts anzutreffen. Gemeinsam sagen sie aus, daß der Getaufte auf die Hilfe Neptuns vertrauen und bauen kann, daß er das Recht hat, sich in Neptuns Reich aufzuhalten, zu reisen und sich frei zu bewegen. Die Briefe sind in humorvollem Stil gehalten, und der Getaufte erhielt nach seinem Charakter, seinem Körperbau oder seinem Verhalten an Bord die unterschiedlichsten Namen, meist aus der Welt Neptuns. Eine kleine Auswahl: Goldhering, Delphin, Fliegender Fisch,

Taufe auf einem französischen Schiff um 1830

Seelöwe, Mondfisch, Pinguin. Der dicke Wal, Mörderwal, Tintenfisch.

Der Text einiger Taufbriefe:

»Astronomisches Besteck: 0° 0′ 0″
Taufschein des Leichtmatrosen Christian Christensen, geboren 21. September 1884.

Hiermit bescheinigen die Unterzeichneten der Kommission des heiligen Neptun, Gott aller Meere und Gewässer, Herrscher aller Stürme und Strömungen, dass derselbe durch den Akt der heiligen Taufe in die Seemannschaft aufgenommen. Wir verpflichten uns kraft unserer sprиritistischen Kraft, falls er seinem Schwur treu bleibt, ⟨dass er⟩ ein unerschrockener Seemann werden wird und wir ihn auf allen Fahrten huldvoll geleiten.

Je mehr Schiffer, desto leichter sinkt das Schiff.

Besondere Kennzeichen: dick, dumm, faul und gefräßig. Figur: á la Rollmops, Augen: rot, Haar: blau, Nase: gebogen.
Taufzeugen:
Besanschot ⟨Hof Barbierl. Destillateur⟩
Wantschraube ⟨Geheimrat⟩
John Kabelgarn ⟨Hof Kammerdiener⟩
Nockbändsel und Steckbolzen ⟨Geheime Polizei Kommissare⟩
Fokschot ⟨Hofkapellmeister⟩
Doppelkieker ⟨Astronom⟩
Aller großmächtiges Kapinett/Neptun
I. A. Triton Sekretär
Unterschrift des Kapitäns der ›Flottbeck‹: B. Tadsen.«

Soweit ein Taufbrief kurz vor der Jahrhundertwende.

1908 ist folgender Taufbrief auf einem deutschen Schiff verfaßt worden. »Wir Neptun, von Jupiters Gnaden, Beherrscher

Taufe auf der französischen Fregatte »FAVORITE« 1830. Der Neuling schwört auf das Kreuz

aller stehenden und fließenden Gewässer, als da sind Meere, Flüsse, Quellen ⟨Bierquellen ausgeschlossen⟩, tun hiermit kund und fügen zu wissen, dass Herr N. N. heute den Aequator passiert und in aller Form rechtens getauft worden ist. Er erhielt den Namen Tintenfisch. Wir beordern hiermit alle Unsere Behörden wie Tritonen, Nixen, Seejungfern und alle Unsere Untertanen, vom Haifisch bis zur Auster, dem p.p. gegebenenfalls den Aufenthalt in unseren Fluten so angenehm wie möglich zu gestalten. Gegeben in Unserm Korallenschloß am Aequator mit unserer eigenhändigen Unterschrift und beigedrucktem allerhöchstem Insiegel. Neptun«

An Bord des deutschen Passagierschiffes »Cap Polonia« wurden 1927 Taufscheine dieses Inhalts ausgegeben: »Wir, Neptun, Beherrscher aller Meere, Seen, Flüsse, Bäche, Sümpfe und Moräste, geruhen hiermit, die in allerhöchst Unserer Gegenwart an Bord des S.S. Cap Polonia stattgefundene Aequatortaufe der ... allergnädigst zu bestätigen. Nachdem dieselbe vom Schmutze der nördlichen Halbkugel gereinigt und mit Unserem geheiligten Linienwasser getauft wurde, erhielt dieselbe den

Namen Königin der Meere. Gegeben im Jahre des Heils 1927 am 11. Tage des 7. Monats.

Wilde, Kapt. Neptun I. R.«

Übrigens wurden Frauen an Bord bei der Taufe nicht einer so groben Behandlung wie Männer unterzogen. Mit ihnen verfuhr die Besatzung im Gegenteil bisweilen recht großzügig, sogar ritterlich. Auf Passagierschiffen sowieso, dort war die Taufe bereits im Fahrpreis enthalten. Und zuvor waren Frauen nicht sehr häufig Gast an Bord; es sei denn die Frau des Kapitäns, mitreisende Gäste des Reeders, zahlende Passagiere. In

einem Auswandererbuch von 1786/87 bemerkt eine Frau namens Eberhardine Lotterin: »Vor Helvoetsluys ⟨Vorhafen von Rotterdam/P. G.⟩ ward mit denen, die das erstemal zur See waren, die sogenannte Taufe vorgenommen, von der man sich nur durch ein Trinkgeld loskaufen kann. Sie besteht darin, daß man mitsamt den Kleidern bis an den Hals in Seewasser getaucht wird. Ich ward verschont, wiewohl ich kein Trinkgeld gab und auch nicht geben konnte, da ich für meine Teekanne und dergleichen unentbehrlichen Dinge meine 18 Batzen bis zum letzten Kreuzer ausgegeben hatte.«

Taufzeremonie beim Überqueren des Äquators auf einer Reise nach Indien 1840

Nicht nur an fernen Plätzen

Das Taufen und Hänseln war nicht an ferne Plätze gebunden, auch in europäischen Gewässern gab es in der Vergangenheit Orte, die durch derartige Bräuche bekannt geworden sind. Häufig lagen diese Stellen beim Passieren von Inseln, Landspitzen, Flußmündungen und besonderen Bauwerken, den sogenannten Landmarken. Ein Blick auf die Karte der Ostsee, den Verlauf des Festlandes, die Lage von Kaps und schmalen Durchfahrten läßt deutlich werden, wo häufig gehänselt wurde. Von Travemünde über Wismar, Warnemünde und Wolgast führt die Liste derartiger Plätze, weiter nach Bornholm, Hoburgen auf Gotland, Kronborg, Falsterbo, Moen, die Südspitze von Karlskrona, die Plätze Langer Jan und Jungfrau auf der Insel Öland, dann Skagen, Dragör, Ristna auf der Insel Hiiumaa, das heutige Sääre auf der Insel Saaremaa ⟨beide zur Estnischen SSR gehörend⟩ und andere mehr.

Der bekannteste Hänselplatz in der Ostsee aber war Cape Kullen in Dänemark, am Eingang des Öresund gelegen. Steil erhebt sich ein mächtiger Felsen aus dem Meer, eine Art abgerundeter Berg, der bereits aus großer Entfernung zu sehen ist und den alle Schiffe, die aus der Ostsee kommen beziehungsweise in die Ostsee fahren, passieren müssen. Seine besondere Bedeutung erhielt Cape Kullen bereits im Mittelalter, als seit etwa 1420 alle Schiffe, die in den Öresund, heute besser bekannt als Sund, einliefen, Zoll zu entrichten hatten. Daher der Sundzoll. Am Cape Kullen verdienten sowohl Dänemark als auch Schweden – der Besitz wechselte – gut, weil hier schon frühzeitig eine der wichtigen Weltschiffahrtslinien vorbeiführte.

Bräuche des Hänselns an dieser Stelle sind seit fast vierhundert Jahren bekannt. Auf einer Reise von Amsterdam nach Reval erlebte der Zahlmeister Anthonis Goeteris an Bord eines dänischen Kriegsschiffes die Taufe und schreibt so darüber: »Am Morgen des 6. September 1615 segelten wir entlang der norwegischen Küste, vorbei an zahlreichen Kliffen und schließlich auch an dem berühmten Kliff namens Col ⟨später wurde Kullen daraus/P. G.⟩. Als der Felsen in Sicht kam, wurden alle die, die dieses Gewässer noch nicht befahren hatten, vom Mast aus dreimal in das Wasser geworfen.« Wer diese Prozedur nicht über sich ergehen lassen wollte und die nötigen Mittel dazu hatte, konnte sich freikaufen. Das galt allerdings nicht für die Schiffsjungen.

Diese Bräuche änderten sich im Laufe der Zeit und der Jahrhunderte. Der Schiffsjunge aus Wustrow, Wismar oder Rostock bekam um 1850 eine oder mehrere Flaschen Rum, die er spendieren konnte. Damit kaufte er sich in die Gemeinschaft ein und von der Taufe los. Fehlte ihm jedoch diese Flasche, hatte er ein Papier zu unterschreiben, daß er im nächsten Hafen für die Mannschaft eine Flasche Rum auszugeben bereit war.

Besonders aus der Blütezeit der mecklenburgischen Segelschiffahrt gibt es nach Richard Wossidlo zahlreiche Zeugnisse des Hänselns bei Cape Kullen. Zitat: »Bi dat Füerschipp von Koll, wur't na'n Kattegatt ringeiht, würd ok hänselt. – Vör den Kollschen Zägenbuck ⟨so wurde der Felsen von einigen Seeleuten genannt⟩ heff ik dreemal de Mütz afnähmen un Hurrah ropen müßt. – Koll is'n Hänselplatz. Ik heff seggen müßt: Koll is holl, Koll ist rund, Koll

Wenn der Schiffer eine Tanne sieht, denkt er an den Mastbaum.

Wenn der Schiffer »Land!« ruft, kann man noch nicht aussteigen.

nimmt de Buttel vör de Mund, donn müßt ick de Buttel Rum hergäben, de ick in de Hand hadd.«

Für die Kullen-Zeremonie gibt es darüber hinaus etliche Belege aus Frankreich, Deutschland, Dänemark, Schweden. Einige sprechen vom Erscheinen des »Alten Mannes von Kullen«, vielleicht eine Art Neptun-Ersatz, von einer Frau, die an ihrem Spinnrad auf dem Felsen sitzt und spinnt und die durch eine bestimmte Geldsumme erlöst werden konnte. 1885 wurden an dieser Stelle sämtliche Kadetten des preußischen Schulschiffes »Niobe« mit großer Feierlichkeit getauft. Pommersche Seeleute hinterlegten Geld für ein Essen, das die Besatzung gemeinsam im nächsten Hafen verzehrte. Allgemein hieß es, wer Kullen passiert habe, der sei nun ein rechter Seemann.

An der Südseite des Sunds liegt Dragör und stand als Hänselplatz Cape Kullen in keiner Weise nach. Beide waren bedeutsame Punkte an der wichtigen Durchfahrtsstraße von der südlichen Ostsee in das Kattegatt. Bei Dragör befanden sich zwei weiße Leitbaken als Seemarken, denen die Fahrensleute Namen gegeben hatten: »Bürgermeister von Dragör und seine Frau« ⟨oder sein Sohn, Knecht⟩ sowie »Der große und der kleine Christoph«. Ähnliches ist bekannt von den beiden Pfählen im Hafen Wismar, sie wurden »Schwede« und »Norweger« genannt, denen beim Vorbeifahren häufig durch das Abnehmen der Mütze Reverenz erwiesen wurde. Dazu gab es recht unterschiedliche Sprüche, die häufig ohne einen tieferen Sinn waren: »Wenn de Jungens toihrst bi Dragör passieren deden, müßten se seg-

Taufe auf dem französischen Kriegsschiff »SAÔNE« 1856

gen: ›Ich grüße Dir, Rendi buffei, mit Deine neunundneunzigjährigen Jungfrau und rufe dreimal hurra.‹« Auch mit dem Zusatz – »Hat vorne einen Tanzlokal und hinten einen Billard, hurra, hurra, hurra.« ⟨Nach Richard Wossidlo.⟩

Skagen war ein anderer bekannter und markanter Punkt für die Seeleute in der Ostsee. Hier treffen sich Kattegatt und Skagerrak. Bereits 1561 brannte in Skagen das erste Leuchtfeuer, später durch einen Leuchtturm ersetzt. Die Bemerkungen eines Augenzeugen von 1880: »Ich erinnere mich, als ich das erste Mal an Skagen vorbeisegelte, wurde mir gesagt, ich müßte meinen Obolus an den langen Mann zahlen, ihm meinen Respekt erweisen.« Der »Lange Mann« war der Leuchtturm.

Dreimal in das Wasser getaucht – allerdings an Bord – wurde der Neuling bei Bornholm. Auf 1783 datiert ist diese Beschreibung: »Nach uraltem Brauch kamen die Matrosen mit einer Schüssel Wasser, um alle Passagiere zu taufen, welche in ihrem Leben die erste Seereise machten; um also nicht getauft zu werden, musste ich mich und die Meinigen mit einem Dukaten

Wer den Schiffer zum Freunde hat, bekommt einen guten Platz an Bord.

loskaufen.« Dieses Geld hieß allgemein das Hänselgeld.

Die mecklenburgischen Seeleute konnten noch auf andere Hänselplätze verweisen, besonders zwischen 1850 und 1890. Später ging die Bedeutung dieses Brauchtums zurück. Richard Wossidlo läßt in seinem Buch »Reise, Quartier in Gottesnaam« Matrosen und Kapitäne zu Wort kommen: »Bi Kaspers-Füer bi Stäbens mööt de Jung de Mütz afnähmen un seggen: ›Goden Dag, Kasper.‹« »Kasper Knee säden wi dorto.« – »Bi Falsterbo sünd twee Baken, en lütt un en groot. In den Baak spinnt 'ne oll Fru. Dor möten de Jungens de Mütz afnähmen un goden Dag seggen.« – »Vör Bornholm heff ik mit 'ne Handspaak präsentieren müßt.« – »Wer toihrst Bornholm passieren ded', müßt 'ne Stig Eier utgäben.« Das waren immerhin 20 Stück.

An einem anderen Weltschiffahrtsweg entlang der Küste Portugals liegen die Berlenga-Inseln, nahe am Cape de Roca. Schiffe, die nach Südamerika, zu den Westindischen Inseln, nach Afrika und in den Fernen Osten wollten, passierten diese Stelle nordwestlich von Lissabon. An Bord vieler Schiffe war es Brauch, die hier vollzogene Taufe auf der Linie nicht noch einmal zu wiederholen. Es ist ungewiß, wie alt dieser Taufplatz wirklich ist. Die ersten schriftlichen Zeugnisse gehen bis auf das Jahr 1595 zurück. Von 1608 existiert eine detaillierte Darstellung, die insofern von anderen absticht, als in ihr sogar von der Taufe der an Bord befindlichen Katzen und Hunde die Rede ist. Johannes Verken läßt sich darüber in seiner »Molukken-Reise 1607 bis 1612« aus: »Daselbst seynd alle diejenigen, so noch niemals daselbst vorüber gefahren dreymal von der grosse Rahe ins Wasser geworffen vnd getaufft worden, vnd hat man keines verschonet, wie hoch vnd gross er auch gewesen, denn es darff daselbst kein Schiff vorüber fahren, es müssen zuvor alle diejenigen, so noch niemals dahin gekommen, daselbst getaufft werden, vnnd wird dasselbe so gar streng gehalten, dass man auch der Hunde vnd Katzen nit verschonet, sondern sie müssen alle an grosse Segle gebunden, vnnd dreymahl ins Wasser geworffen werden. Solches ist, wie man für gewiss ausgeben will, von dem König in Spanien selbst also angeordnet worden, welcher sich dann auch dess Orts, sampt seinem Gemahel, als er zum ersten mal da furüber geschiffet, hat tauffen lassen.«

Die Hänselpraktiken gehen nachweisbar bis auf etwa 1350 zurück, sind also doch beträchtlich älter als die Linientaufe auf dem Ozean. Das einzige, was von den Hunderten Tauf- und Hänselplätzen in der

Der Täufling wird mit verbundenen Augen zu Neptun geführt. Auf der berühmten englischen Brigg HMS »Beagle«

Taufprozession auf dem französischen Kriegsschiff »Saône« 1856

Welt übrig geblieben ist und heute weltweit Bestand hat, ist die Taufe am Äquator, teilweise noch die am nördlichen Polarkreis. Von den Arten der Taufe oder des Hänselns wie die Taufe von der Rahe, das Grüßen oder Salutieren an besonderen Landmarken, bis hin zur erniedrigenden Begutachtung der Geschlechtsorgane ist kaum etwas geblieben, nur die Zeremonie der Taufe an Deck.

Bei seinen Umfragen unter mecklenburgischen Seeleuten konnte Richard Wossidlo feststellen: Anfang der achtziger Jahre verschwanden die alten Bräuche. »Dat Hänseln wier nich mihr Mood', as ick as Jung fohren ded', bloot dat Döpen bi de Lien« ⟨1882⟩. »Dat Hänseln wier all vörbi to mien Tiet.« – »Ich heff nich hänselt in de Oostsee, bloot unner de Lien.«

Natürlich waren Foppereien an Bord damit nicht endgültig aufgehoben und sind es nicht bis auf den heutigen Tag, wie es der-

Ein Schiffer hat viel Gefahren zu bestehen.

artige Späße auch an Land in verschiedenen Berufsgruppen gibt. Aber die ungenügenden Beschäftigungmöglichkeiten während der Freiwachen auf Langreisen der Tiefwassersegler brachten es mit sich, daß der Schiffsjunge für die zum Teil derben Späße der befahrenen Männer herhalten mußte. Das begann mit dem Butterquast. In warmen Gegenden, wo die Butter schnell dünn wurde und so praktisch vom Brot oder Schiffszwieback herunterlief, wurde der Junge häufig zum Koch geschickt, um den Butterquast oder Butterpinsel zu holen. Der Smutje, darauf vorbereitet, packte dann einen Sack voll Holz und allerlei Krimskrams, und mit dem zum Teil recht schweren Gepäck trabte der Junge zurück. Bei Liegezeiten in Häfen vollzog sich dieses mitunter von Schiff zu Schiff. In Häfen spielte sich auch folgendes ab: Hier bereits bekannte Matrosen sandten den Jungen mit einer leeren, großen

Flasche zu einem bestimmten Wirt. Sein Auftrag lautete: Komme nicht ohne Branntwein zurück! Der Wirt wußte Bescheid und füllte die Flasche mit Wasser. An Bord angekommen, tat die Besatzung furchtbar erzürnt, und bisweilen erhielt der Junge obendrein eine Tracht Prügel. Dem Jungen, später den Passagieren, redeten die älteren Seeleute mit Erfolg ein, das Schiff würde bald auf eine Postboje treffen. Briefe für die Heimat würden hier abgeholt. Auf einer Reise in den Indischen Ozean, so erzählte ein Schiffsjunge, sah er die Matrosen emsig schreiben. Morgen käme der Postdampfer, der nach Deutschland fährt, erklärten sie, da solle die Post noch mit. Der Junge, von Heimweh geplagt, schrieb sich nun seinen Schmerz von der Seele und wartete am nächsten Tag auf den Dampfer, hielt unentwegt Ausschau, bis er endlich Bescheid wußte. Andere Späße – den Jungen nach einem Kompaßschlüssel schicken, nach dem Rosthobel, Ballastthermometer, Notenschlüssel für die Dampfpfeife und anderes mehr. Das alles war Spaß. Bedenklicher die rohen Scherze, beispielsweise mit der Persenning, dem geteerten Segeltuchlaken. Der Junge stellte sich auf die Persenning, dann faßten vier Mann die Enden und ließen den Jungen »springen« und fallen, so daß er häufig auf schmerzhafte Weise, bis zu Verstauchungen und Brüchen, mit dem Deck Bekanntschaft machte. Doch das waren letztlich Ausnahmeerscheinungen.

Der Schiffer muß guten Wind erwarten.

Aus den Berichten mecklenburgischer Seeleute um die Jahrhundertwende geht hervor, daß das Hänseln vorwiegend mit der Abgabe einer entsprechenden Spende an markanten Punkten im Ostseeraum verbunden war. So erhielt der Schiffsjunge von seiner Mutter unter anderem ein paar Pfund Zucker für die erste Reise, die er der Besatzung als Einstand zu zahlen hatte. Ein anderer bemerkte: »Wenn der Lotse an Bord war, mußte ich eine Flasche Rum spendieren, und jeder bekam einen Schluck.« Wer ohne Flasche an Bord kam, konnte sich diese vom Kapitän besorgen und mußte das Geld dafür von seiner ersten Heuer zahlen. Manche erhielten vom Schiffer auch den notwendigen Zucker für einen ordentlichen Grog. Auch vor Moen war eine große Flasche auf die Back zu stellen. Dazu hatte der Neuling an Bord vor dem Anker drei Finger zu heben und zu schwören, daß er seine Zeit aushalten und der Seefahrt treu bleiben wolle. Doch manch einer von ihnen hatte seinen eigenen Willen. Ein Ahrenshooper sagte dazu: »Ich habe mich nicht hänseln lassen. Ich war zu stolz dazu. Lieber ließ ich mich über Bord schmeißen, und vor Kullen wurde ich ordentlich gepeinigt.« – Diese Peinigungen

Karneval auf der dänischen Fregatte »Iylland« 1860

Taufe an den Neufundland-Bänken 1880

bestanden meist darin, daß die »Starrköpfigen« durch den Windsack kriechen mußten, an dessen Ausgang sie eine nasse Überraschung empfing. Auch vom Durchkriechen des Spillkopfes, teilweise sogar im Kojensack, war die Rede. Vor allem die älteren Matrosen widersetzten sich diesen Bräuchen bisweilen. Ein verheirateter Matrose aus Wismar dazu: »Auf der Linie habe ich ein Schriftstück unterzeichnet, wonach ich in Shanghai bezahlen würde.« – Damit hatte er sich freigekauft. Nun, einige der Taufarten am Äquator waren auf mecklenburgischen Schiffen auch nicht von der ganz feinen Art. So manch ein Seemann wurde mit »Swienschiet un grön Seep« eingeschmiert oder mit einer Mischung aus Petroleum, Essig und Salzwasser. Hinterher ging es auf den Großmast, um eine Leine über den Topp zu werfen, damit das Schiff durchfahren könne. Auch wurde ein Haar in das Fernglas geschoben und zu dem Jungen gesagt: »Siehst du die Linie?«

Recht unterschiedlich waren die Bräuche vor Kap Hoorn. Von einer direkten

Taufe im Meer wurde meist abgesehen, und auch an Bord kam es nicht gar zu häufig zu derartigen Zeremonien. Ganz einfach aus dem Grunde, weil die See- und Wetterverhältnisse eine solche Spielerei kaum ermöglichten. Dagegen durfte der, der bereits zweimal das Kap umsegelt hatte, seine Beine auf den Tisch legen. Er zählte damit bereits zu den Privilegierten. Doch konnte es geschehen, daß der Schiffsjunge in den Kojensack gesteckt und von der Mannschaft kräftig mit Wasser begossen wurde. Sicher wird ihm das nicht viel ausgemacht

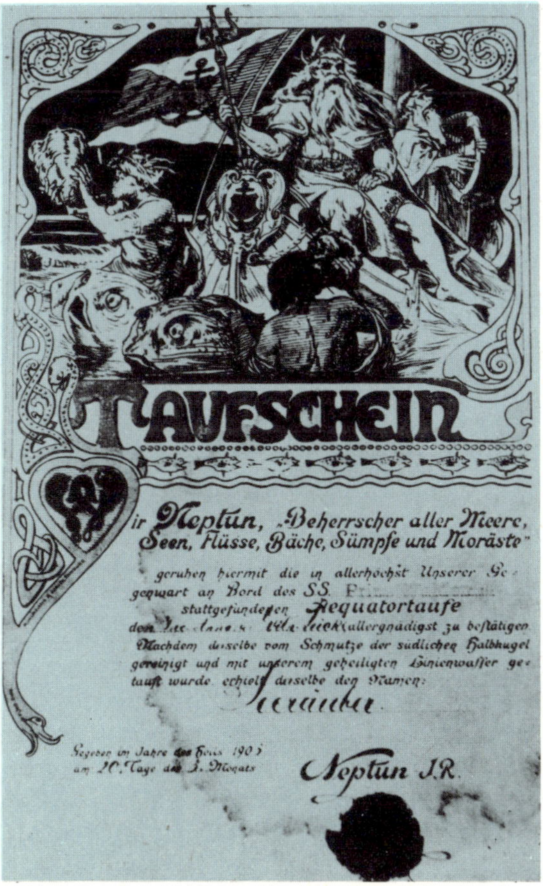

Äquatortaufschein für den Schiffsmaschinisten Wilhelm Lücke aus Ückermünde an Bord des deutschen Schiffes »Prinz Waldemar« 1905

haben, da die Seeleute am Hoorn tagelang aus ihren nassen Kleidern nicht herauskamen. Andere Berichte sprechen davon, daß der Kap-Hoorn-Fahrer nicht mehr hänseln mußte, weil er bereits vor dem Passieren der gefährlichen Südspitze von Amerika über die »Linie« gefahren war.

Das ist ein guter Schiffsmann, der auch mit bösem Wind fahren kann.

Bräuche des Hänselns waren auch an einigen Flüssen bekannt, so an bestimmten Stellen der Elbe, des Rheins und der Donau. Dort war aus dem Hänseln teilweise die Schifferfastnacht entstanden. 1896 feierte die Schiffergesellschaft »Neptun« in Schandau an der Elbe ihre Fastnacht. Junge Schiffer in weißen mit roten Biesen besetzten Hosen, weißen Blusenhemden und auf dem Kopf den mit roten Bändern geschmückten Zylinder eröffneten den Umzug. In ihrer Mitte führten sie den phantasievoll gekleideten Neptun mit sich. Im Zuge befanden sich Schifferinsignien wie Segel, Ruder, Rettungsring und Teerpinsel sowie das Modell eines Elbkahnes, gefüllt mit zahlreichen dem Wassergott dargebrachten Geschenken. Das Ganze klang mit Umtrunk, Gesang und Tanz aus, den Jüngsten allerdings noch vorenthalten.

Bis auf den heutigen Tag wird auf See getauft, und die entsprechenden Taufbriefe nehmen in der Wohnung manches Seemannes einen Ehrenplatz ein. Häufig sind diese Briefe handgeschrieben und handgemalt, mit viel Liebe, Einfallsreichtum und mit einem ordentlichen Schuß Humor, so wie es bei den meisten Taufen auf See zugeht und zuging. Dafür lieferte der spätere Marinemaler Max Schröder aus Greifswald eine lebendige und eindrucksvolle Schilderung. Max Schröder hatte auf Segelschiffen seine Seemannslaufbahn begonnen und

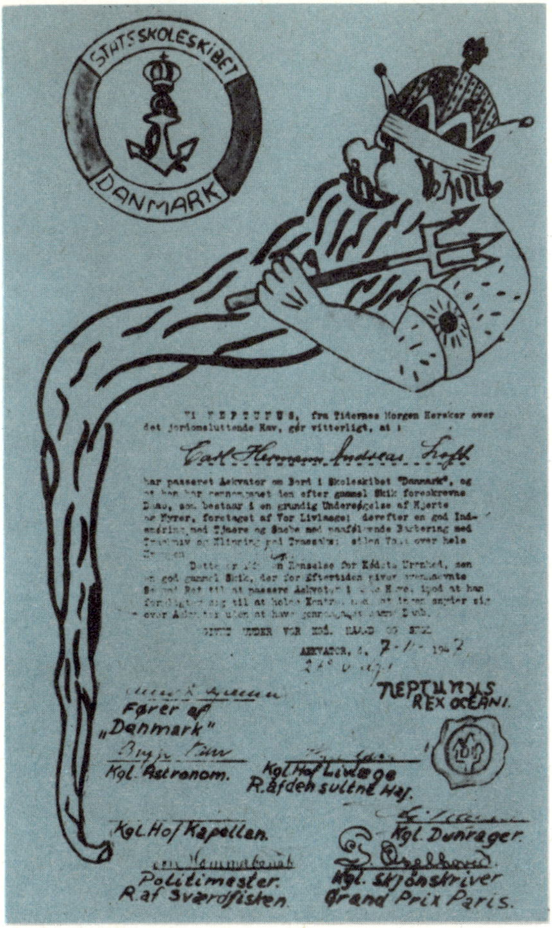

Taufbrief auf dem dänischen Ausbildungsschiff »Danmark« 1947

wechselte später zur Marine über. Mit der hochgetakelten Korvette S.M.S. »Prinz Adalbert« machten kurz nach 1900 fast fünfhundert Mann eine Weltreise, zum großen Teil Kadetten. Max Schröder befand sich als Steward an Bord, und er hielt seine Erlebnisse, auch die bei der Linientaufe, in Wort und Bild fest: »Welch ein wunderbarer Zug bewegte sich am Festtage um zwei Uhr nachmittags vom Vorderschiff nach dem Achterdeck. Voran schritt die Musikkapelle. Die vierzehn Tonkünstler steckten in wallenden Gewändern, die mit Notenschrift geschmückt waren. Auch die mehr oder minder hohen Zylinderhüte auf ihren Häuptern waren mit musikalischen Schriftzeichen geziert... Neptun thronte auf einem phantastischen Wagen. Zahlreiche Sklaven, Neger und Diener zogen denselben. Der Beherrscher des Meeres trug einen großen schneeweißen Bart, der ihn ungemein ehrwürdig erscheinen ließ. Die goldene Krone auf seinem Haupte und der mächtige Dreizack in seiner rechten Hand erhöhten den Eindruck dieser majestätischen Erscheinung... Der Hofstaat des Meeresgottes war buntscheckig ausstaffiert. Der Aktuar mit gewaltiger Hornbrille, langschößigem Frack und großkarierten Hosen, hinter dem Ohr die lange Feder und eine kolossale Urkundenrolle unter dem Arm, führte den Hofstaat an. Ihm folgten der Priester, der Schaumschläger, der Barbier, der Schleifer und der Schwarm der Trabanten.

Als die Musik schwieg, übernahm Nep-

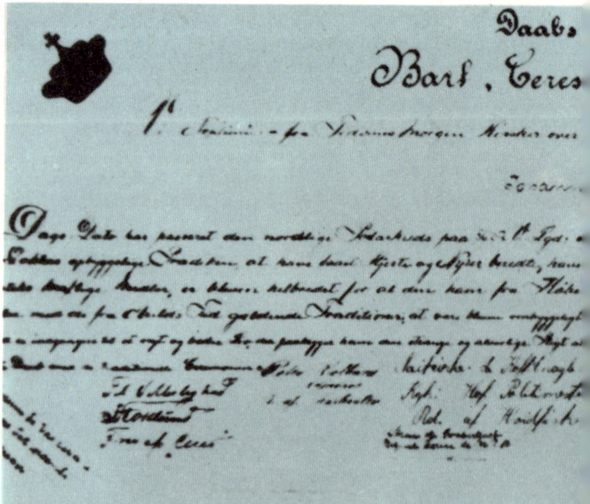
Daab.
Bart, Ceres

tun vom Kommandanten den Befehl über das Schiff. Seine Worte: ›Ich, Neptun der Starke, Beherrscher des Meeres, bin gekommen, alle diejenigen, die diesen Strich der Erde noch nicht passiert haben, taufen zu lassen. Es wage keiner, sich zu verstekken. Meine Trabanten wissen zu finden, und mein Aktuar hat sie alle auf der Liste.‹

Nach dieser Ankündigung ließ Seine Meeresgöttliche Majestät ›Alle Mann klar zum Manöver‹ pfeifen. Auf sein Kommando wurden mehrere Segelexerzitien ausgeführt. Alle Segel los und Segel fest. Die Übungen mußten wohl einigermaßen nach seinem Wunsche ausgefallen sein; der Meeresgott knurrte befriedigt und strich sich den weißen Bart. Es beginne die Taufe, rief seine Donnerstimme.

Sogleich entrollte der Aktuarius seine Urkunde, und die übrigen Würdenträger des Hofstaates machten sich fertig zu ihrem Amt. Auf dem Achterdeck war ein Steuerprahm aufgestellt, den die Dampfpumpe fortwährend voll Wasser hielt. Über diesen

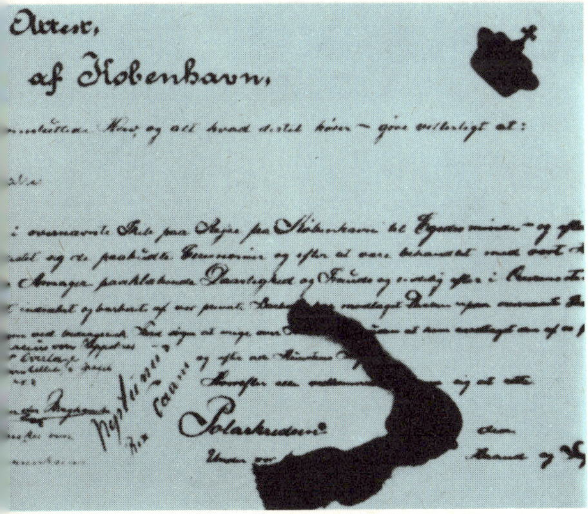
Attest,
af Kobenhavn,

Zertifikat über die Polartaufe auf der dänischen Bark »Ceres« 1917

Wassertrog war ein Brett gelegt... Jeder Täufling ist herzlich froh, wenn er die Sache überstanden hat. Der Beherrscher des Meeres hat eine etwas rauhe Art, und der Seemann muß sich den Sitten fügen. Der Täufling mußte sich auf das Brett setzen. Zuerst trat der Schaumschläger in Tätigkeit. Neben ihm stand ein Eimer voll Seifenschaum. Mit einem großen Quast seifte der Schaumschläger nicht eben sehr sanft Gesicht und Kopf des Täuflings tüchtig ein. Dann begann die Arbeit des schekkig kostümierten Barbiers. Sein meterlanges Rasiermesser war von dem Schleifer auf dem entsprechend langen Streichbrett gehörig gewetzt worden. Mit Eleganz machte sich der Barbier an das schwere Stück Arbeit, den Seifenschaum vom Haupte des armen Dulders abzukratzen. Hierbei wurde das Brett unter dem Täufling weggezogen. Kopfüber plumpste derselbe ins Wasser, die Trabanten beeilten sich mehr oder weniger schnell, ihn wieder herauszuziehen. Die Dampfpumpe sandte ihm noch einen tüchtigen Wasserstrahl ins Gesicht... Das Prusten und Stöhnen des Täuflings wurde mit schallendem Gelächter beantwortet. So wurde einer nach dem anderen von dem Aktuar aufgerufen. Auch ich machte die Prozedur in allen Einzelheiten durch. Wer aber erst von den Trabanten gesucht werden mußte, der bekam eine doppelte Lektion. Nachdem auch der letzte auf der Liste daran gekommen war, überließen sich die Getauften der Äquatorsonne, die nassen Kleider am Leibe zu trocknen. Der Beherrscher des Meeres übergab das Kommando wieder an den Kommandanten des Schiffes. Ein kräftiger Grog als Festtrunk wurde gereicht.«

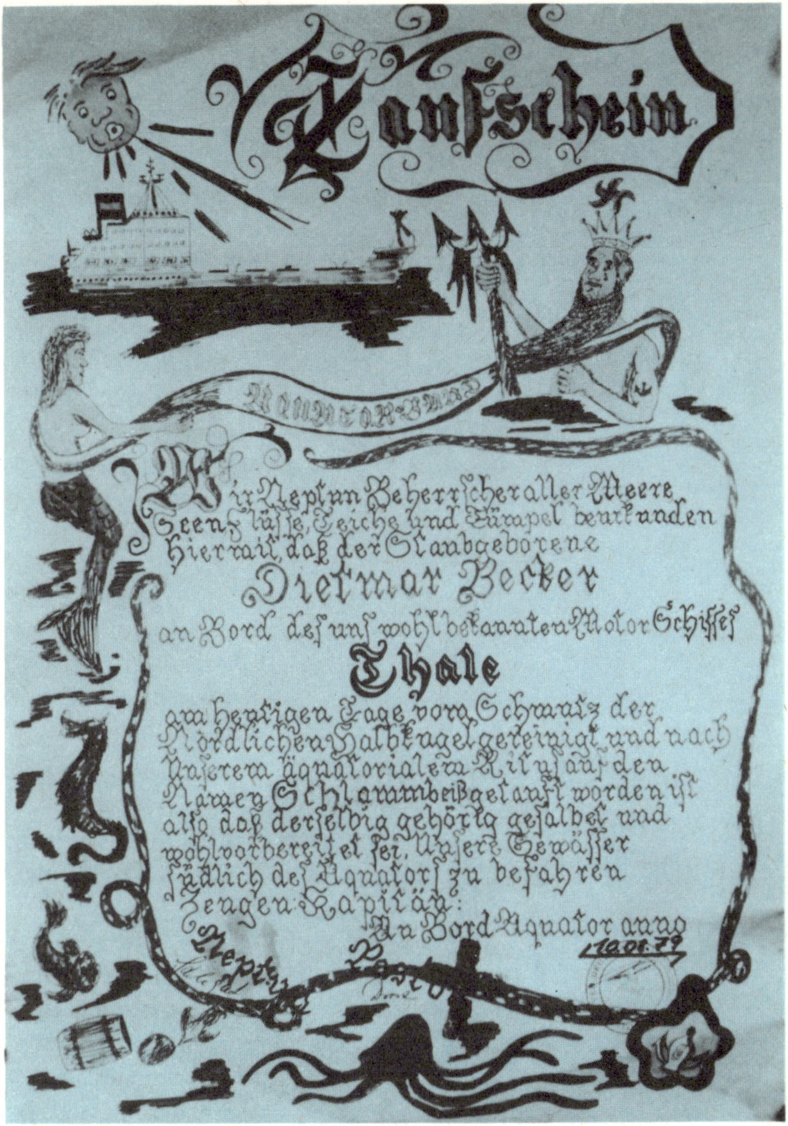
Taufschein
Wir Neptun Beherrscher aller Meere
Seen Flüsse, Teiche und Tümpel beurkunden
hiermit, daß der Staubgeborene
Dietmar Becker
an Bord des uns wohlbekannten Motor Schiffes
Thale
am heutigen Tage vom Schmutz der
nördlichen Halbkugel gereinigt und nach
unserem äquatorialen Ritus auf den
Namen Schlammbeiß getauft worden ist
also daß derselbig gehörig gesalbet und
wohlvorbereitet sei, unsere Gewässer
südlich des Äquators zu befahren
Zeugen Kapitän:
An Bord Äquator anno
10.01.79
Neptun
Pastor

Schiffstaufe, Namensgebung und Stapellauf

Der Taufe der Besatzung ging die Taufe des Schiffes vor dem Stapellauf voraus. Auf der in Holz geschnittenen Stadtansicht von Venedig aus Breydenbachs »Pilgerfahrten ins Heilige Land«, 1486 in Mainz gedruckt, steht über die Schiffstaufe zu lesen:

»Wenn man nun mit dem Bau zur Richtigkeit gekommen,
Schafft man, was nöthig auch sonsten noch herbey,
Dann wird gleich ohn Verzug die Tauffe vorgenommen,
Damit dies schnelle Schiff im Meere glücklich sey.«

Ursprünglich war die Schiffstaufe eine priesterliche Taufe, wie es auf dem frühen Mainzer Druck zu sehen ist. Das Schiff war mehr als irgendein Gefährt, es war und ist, wie Joseph Conrad schrieb, »ein lebendiges Wesen, jahrtausendelang. Seine unverwechselbare Persönlichkeit, sein nur ihm eigener Charakter wurde – ohne Wissen derer, die daran teilhatten – während seines Baues, während der Zusammenfügung all dieser Hölzer und Eisen, all dieser Kupferplatten und metallenen Bleche, all dieser Segeltücher und dieser Unmenge von Tauwerk in das entstehende Gebilde hineingearbeitet, hineingezimmert und hineingehämmert. So wurde es mit einer Individualität, mit Gesinnung und Fehlern begabt, so wurde es ein lebendiges Geschöpf«. An anderer Stelle ergänzt Conrad das Thema: »Die Liebe von Männern zu Schiffen ist grundverschieden von ihrer Liebe zu allen anderen Werken ihrer Hände – der Liebe zum Beispiel, die sie für ihre Häuser empfinden –, weil sie rein ist vom Stolz des Besitzens.«

Da nimmt es nicht wunder, daß der Taufe, dem Stapellauf und vor allem der Namensgebung besondere Beachtung geschenkt wurde. In einigen Ländern ist das belegbar bis in das vierte Jahrtausend vor der Zeitenwende. Die frühesten bekannten Zeugnisse stammen aus der bronzezeitlichen Kultur der Akkader in Alt-Mesopotamien.

Besondere Bräuche und Sitten hatten bereits die Römer beim Zuwassergehen eines Schiffes. Dabei wurden Ereignisse auf See wie Sturm, Flaute, Hoch- und Niedrigwasser weitgehend mit der Götterwelt in Verbindung gebracht. Es galt, die Götter günstig zu stimmen, um den Hafen immer wieder zu erreichen.

Besonders deutlich wird das bei der Namensgebung, die frühhistorisch nur vereinzelt nachzuweisen ist. Eine Ausnahme stellen die Taufen der »heiligen« attischen Trieren dar. Die Kontrolle über den Bestand und die Beschaffenheit der Trieren, die den Kern der attischen Seemacht bildeten, war nur möglich, wenn jedes dieser Schiffe nach seiner Einsatzfähigkeit, seiner Ausrüstung, seinem Stützpunkt und ähnlichen Merkmalen genau bekannt war und wenn es zudem einen Namen trug. Die Marineurkunden Athens aus dem 4. Jahrhundert vor der Zeitenwende sind zwar nicht vollständig erhalten geblieben, sie geben dennoch wichtige Auskünfte über 278 Trieren. Die Triere war ein griechisches Ruderschiff mit drei Reihen Rudern übereinander, bisweilen mit Rahsegeln. Die Länge betrug etwa vierzig, der Tiefgang einen Meter. Die Bedienung der Riemen erfolgte durch Sklaven.

Verglichen mit der zahlenmäßigen

Stärke der Kriegsflotte Athens in der zweiten Hälfte des 4. Jahrhunderts v. d. Z. von etwa vierhundert Fahrzeugen, gibt die Anzahl von 278 bekannten Schiffsnamen einen deutlichen Aufschluß über Ursprung und Charakter der unterschiedlichen Bezeichnungen. In der griechischen Schiffahrt jener Zeit sind demnach keine männlichen Personennamen bekannt, lediglich in femininen Ableitungen lassen sie sich finden.

An erster Stelle steht die Benennung der Schiffe nach Gestalten aus der Mythologie. Durch diese Namenswahl, das ist sicher, sollte das Schiff zum einen unter den besonderen Schutz der Gottheit gestellt werden, zum anderen wird der Name zur Allegorie. Die allgemeine Vorstellung vom Schiff als lieblichem Mädchen ist in vielen Namen wiederzufinden. Besondere Symbole der Schönheit, Jugend und Schnelligkeit sind den Töchtern des Meeres, den Nereiden und Okeaniden entliehen. Sie heißen u. a.: Thetis, Doris, Amphitrite, Eulimene, Dione, Oreithya und Europe. Die Vorstellung vom Schiff als jungem, schönen Weib drückt sich noch klarer durch die Namen der Göttinnen aus. Hier sind die

»Die Taufe der Galeere«, Kolorierte Radierung aus Breydenbachs »Pilgerfahrten ins Heilige Land«, 1486 in Augsburg gedruckt

Beziehungen zum Meer selbst sehr locker oder bestehen gar nicht mehr. So sind »Hebe« und »Pandora« als Schiffsnamen bekannt, ferner »Charis« und »Kleio«, aber auch »Hora«, die mit ihren Schwestern das wichtige Amt innehatte, mit einer Wolke das Himmelstor zu öffnen und zu schließen. Sie brachte, von großer Bedeutung für den Seemann, das Wetter und den Wechsel der Jahreszeiten.

Eine andere Gruppierung bilden die Göttinnen des Lichts. Wenn die neuerbaute Triere mit ihren blitzenden Metallbeschlägen und weißschimmernden Segeln durch das Mittelmeer fuhr, dann konnte schon ein Vergleich mit den leuchtenden Gestalten der Heliostöchter aufkommen: »Aigle« ⟨der Glanz⟩, »Lampetita« ⟨die Glänzende⟩, »Phaethuse« ⟨die Leuchtende⟩.

Symbole der Schnelligkeit – die Schiffe sollten Jagd auf Feinde machen – verkörperten die Götterbotin Iris und die Jagdgöttin Artemis. Neben der Schnelligkeit finden kriegerische Tüchtigkeit und der Sieg ihren Ausdruck, unter anderem in Nike, der Siegesgöttin. Dem obersten Gott der Heilkunst ist die Asklepias gewidmet, auch nach seiner Gattin Epione, die Lindernde, und seinen Töchtern sind Trieren getauft. Auffällig ist bei allem, daß sich unter den bekannten mythologischen Namen nicht ein einziges Mal der Meeresgott Poseidon befindet.

Eine zweite wichtige Position bei der Namensverleihung war die Benennung der Schiffe nach abstrakten Begriffen wie »Die Fliegende«, »Die die Flucht der Feinde Herbeiführende«, »Die Goldene«, »Die Herrliche«, »Die Jüngste«, »Die Retten-

Auszug aus der Taufrede anläßlich des Stapellaufes der gekupferten Bark »Albert Neumann-Berlin« 1869 in Rostock:

Das Schiff
wird in die
Welten geh'n,
Von Mast zu
Mast, von Tau
zu Raaen,
Befrachte Dich
mit Glück und
Gut,
Nie möge sich
Dir Unglück
nahen.

de«. Das führt dann weiter über »edel«, »wacker«, »gut«, »tüchtig«, »mächtig«, »tauglich«, »gewaltig«, »untadelig«, »vollendet«.

Die Schiffe der griechischen Flotte hatten unterschiedliche Aufgaben. Darauf sind solche Namen wie »Hippagogos«, das Pferdetransportschiff, oder »Strategos«, das Admiralsschiff zurückzuführen. Nicht häufig kommen Landschaften, Städte oder Inseln vor, obgleich auch dafür einige Beispiele vorhanden sind: »Krete« nach Kreta, »Naukratis«, der Name für einen Hafen, oder »Persis«, die für den Kampf gegen Persien bestimmten Triere. Selbst Waffen und Tiere fehlen in den Taufnamen nicht: »Meeresvogel«, »Taube«, »Biene«, »Gazelle«, »Löwin«, »Wölfin«, »Seepferd« und dann schließlich »Speer«, »Pfeil«, »Wurfspieß«, »Lanze«, »Schleuder« und »Kriegstrompete«. Schließlich kommen vereinzelt Namen vor, die aus der Bedeutung des Theaters, der Feste und Spiele in Griechenland resultieren: »Tragodia« und »Komodie«, »Olympia« und »Pompe«.

Die Schiffstaufe in frühester Vergangenheit war häufig mit Opfern verbunden. Dabei scheute man im Altertum nicht vor Menschenopfern zurück. Aufzeichnungen aus Island zur Zeit der Wikinger berichten von dem schrecklichen Brauch, Menschen beim Stapellauf ihrer Großboote unter dem Stapellaufbalken zerquetschen zu lassen, wenn das Schiff zu Wasser ging. Später ließ man von den Menschenopfern ab und ersetzte diese durch Tiere. Es handelte sich hier im eigentlichen Sinn um das uralte Bauopfer, von dem in der Geschichte wiederholt berichtet wird, zum Beispiel bei der Einmauerung von Menschen in die Funda-

Stapellauf des französischen Kriegsschiffes »Duc De Bourgogne« am 20. Oktober 1751 in Rochefort

mente der Wehr- und Wohnbauten. Besonders lange blieben derartige Bräuche in der Türkei und teilweise in Griechenland erhalten. Auf der Kykladeninsel Thera wurde noch in der Neuzeit beim Stapellauf eines Schiffes das entsprechende Opfertier geschlachtet und mit dessen Blut ein Kreuz auf das Deck gemalt. Nach dieser Handlung sprang der Kapitän vom Bug aus in voller Kleidung in das Wasser. Symbolisch brachte er durch sein freiwilliges »Ertränken« ein stellvertretendes Opfer für sein Leben und das der Mannschaft, das den Meeresgott günstig stimmen sollte. Man machte damit seinen guten Vertrag mit den Göttern ⟨oder glaubte daran⟩ und hoffte dadurch auf Beistand und Hilfe in der Stunde der Not. Auch in der Türkei war es bis in die Gegenwart üblich, vor dem Stapellauf ein Schaf zu schlachten, mit dessen Blut der Stapellaufschlitten und der Vorsteven bestrichen wurden.

Symbolbedeutung hatten auch die vielen Opfergaben in der Schiffahrt: Der Kapitän warf seine Mütze in das Wasser, Ersatz für den Kopf eines Mannes; der Koch seinen

Besen, Ersatz für die einstmals geopferte Sklavin. Der Wunsch lautete dabei immer: guten Wind, gute Fahrt, sichere Heimkehr. Alle diese Handlungen mußten in Luv, auf der Windseite, geschehen, um Wirkung zu erzielen.

Den Schiffen Namen zu geben war in Europa schon im Mittelalter üblich. Die Anfänge reichen in Deutschland bis auf das 13. Jahrhundert zurück. Auch hier waren es vorwiegend religiöse Namen. Schon 1218 ist aus Friesland bekannt, daß ein Schiff nach der Mutter Gottes benannt wurde. Häufig traten mit Maria zusammengesetzte Namen auf wie »Marienschiff«, »Marienkogge«, »Mariendrake«, nicht zu vergessen die »Santa Maria« von Kolumbus. Um die vielen oft gleichlautenden Namen auseinanderzuhalten – nicht anders bei den Personennamen auf dem Lande –, wurde ein unterscheidendes Beiwort zugefügt: »Grote Marie« zum Beispiel. Auch geographische Bezeichnungen wurden verwendet, sie sind in »Engelant«, »Jerusalem«, »Bonte Koe van Vlanderen«, »Wappen von Hamburg«, »Peter von Danzig« zu finden.

Aus noch früherer Zeit stammen die Zeugnisse in den Sagas der Isländer. In der Olaf-Trygvason-Saga wird von König Olaf berichtet, etwa um das Jahr 1000, daß er lange, hochbordige Schiffe mit 30 Rudersitzen bauen ließ, unter anderem namentlich erwähnt die »Tranin«. Vor allem die Langschiffe ⟨über zwanzig Meter⟩ waren es, deren Bau der Krone vorbehalten war. In verschiedenen Sagas werden diese Boote mit Namen religiösen Charakters erwähnt wie »Mariasudin«, »Kross-Sudin« und »Kristsudin«.

Hin und wieder kam es vor, daß beim Ablaufen das Schiffsjungenlied gesungen wurde, das mit geringfügigen Änderungen zwischen Wismar und Danzig bekannt war. Die Danziger Fassung von 1858 lautet: Behaune (1) Reis', Schepper Hartwig, Meister Zilke sien Fahrtieg

Die Bedeutung der Schiffsnamen für die Selbstbestätigung eines Landes, für seine Unabhängigkeit, für seinen Freiheitswillen kommt ganz besonders in den Niederlanden des frühen 17. Jahrhunderts zum Ausdruck. Nach den Erfolgen gegen die spanischen Unterdrücker gewannen die sieben Provinzen ihre Unabhängigkeit, wurden zu den Vereinigten Niederlanden. Wirtschaft, Handel und Schiffahrt blühten auf wie nie zuvor. 1602 wurde die Ostindische Kompanie gegründet, die Voraussetzungen für die jahrhundertelange Seeherrschaft der Niederlande schuf und wesentlich zu deren kolonialen Eroberungen beitrug. Die niederländischen Schiffe fuhren von nun an mit den Namen ihrer Städte und Provinzen in die Welt hinaus.

1604 machte sich eine Flotte von 12 Schiffen auf den Weg nach Ostindien. Einige von ihnen hießen: »Die vereinigten Provintzen«, »Dordrecht«, »Amsterdam«, »Westfrießlandt«, »Gelderland«, »Seelandt«.

Sehr häufig trat »Löwe« als Schiffsname auf, begründet durch das niederländische Wappen mit dem goldenen Löwen, der wiederum von zwei anderen Löwen gehalten wurde. Unter der Flagge mit dem Löwen focht man für die Freiheit, und so ist es nur verständlich, wenn der Name dieses Souveräns unter den Tieren oft für Schiffe ausgewählt wurde. Besonders deutlich trat dieser Fakt in der niederländischen Kriegsflotte auf, die 1628 die spanische Silberflotte vor Kuba besiegte und mit reichen Schätzen heimkehrte. Hier gab es unter anderem: »Guelden Loew«, »Schwartzer Loewe«, »Roter Loewe«, »Zum weissen Loewen«.

hewt mal eene
Reis' gedahn
ahne Mast on
ahne Fahn,
ahne Seil on
ahne Stier,
hewt de Diewel
so'n Schepp
gesehn?

(1) Behaune, aus dem Holländischen behoud, soviel wie Erhaltung, Wohlfahrt. Im Schiffsjungenlied mit glücklicher Reise zu übersetzen.
Das Lied beschreibt die Ablieferung eines Schiffes ohne Masten und Takelung, sogenannt »beil- und bohrfertig«. Im Gegensatz dazu stand die Lieferung eines Schiffes in seeklarem Zustand.

Die Namen wurden in den späteren Jahrhunderten bis in die Gegenwart vorwiegend aus folgenden Bereichen gewählt: An der Spitze liegen geographische Bezeichnungen aus dem jeweiligen Land, also Städte, Flüsse, Berge, Provinzen oder Landesteile, auch Stadtteile. Dem schließen sich Tiere an, häufiger Vogelnamen als andere. Die dritte Gruppe sind bedeutende Männer und Frauen aus Politik, Dichtung, Wissenschaft, Wirtschaft, Kunst; schließlich sind Himmelskörper recht zahlreich vertreten, Familiennamen und Außergewöhnliches.

Daneben gab es eine Reihe von Reedern, die für ihre Schiffe Besonderheiten wählten. Bekannt geworden sind die »P«-Segler der Hamburger Reederei Laeisz. 1856 ließ Carl Laeisz einen Segler nach dem Necknamen seiner Frau taufen, »Pudel«. Noch dauerte es einige Jahre, bis sich das P allgemein durchsetzte, aber 1885 war es soweit. Abgesehen von dem Anfangsbuchstaben P herrschte dabei eine bunte Mannigfaltigkeit. Außer Ortsnamen aus Chile wie »Potosi«, »Pisagua« waren chinesische und indische Worte wie »Peiho«,

»Great Eastern« vor dem Stapellauf 1858

Geglückter Stapellauf der »GREAT EASTERN« 1858

»Petschili«, »Penang«, deutsche wie »Preußen«, »Pommern«, »Pirna«, »Posen« bis hin zu »Professor« und »Pirat« vertreten.

Schiffsnamen entstammen, das läßt sich wohl ohne Übertreibung feststellen, allen Gebieten der menschlichen Sprache. Am Beispiel der Schiffsnamen aus Hamburg und Rostock von etwa 1830 bis zum Ende des Jahrhunderts läßt sich feststellen, daß enge Beziehungen zwischen Reeder und Schiff bestanden, wobei der Reeder oftmals in einer Person auch der Schiffer war. Vielfach waren es die Vornamen der Ehefrauen, auf die die Schiffe getauft wurden, gelegentlich mit Zusätzen wie »Die Frau Mine«, »Die gute Christine«, »Helene Burchhard«, »Elise Petersen«. Die Benennung nach den Kindern war nicht selten, »Der junge Konrad«, »Der Junge Gustav«. Doppelnamen wie »Amandus & Caroline«, »Hans und Christine«, »Georg und Luise« resultierten meist aus einer Hochzeit oder aus Geschwisternamen.

Diese Vorliebe verlor sich mit der Zeit, als die Reedereien anwuchsen und sich von der eigentlichen Kaufmannschaft lösten. In der Großschiffahrt verschwand bis auf einige Familiennamen jene Art der Benennung vollständig, sie war nur noch in der kleinen und mittleren Segelschiffahrt üblich.

In der aufkommenden Dampfschiffahrt gewannen geographische Namen rasch an Bedeutung. In diesem Zusammenhang seien die Zusammensetzungen mit »Pakket« aus Hamburg erwähnt, zum Beispiel »Brazil Packet«, »St. Thomas Packet«. Durch den Zusatz »Packet« wurde angedeutet, daß es sich um ein schnellsegelndes oder schnellfahrendes Schiff handelte. Diesen wurde mit Vorliebe die Postbeförderung ⟨auch Passagiere⟩ übertragen. Die Briefe wurden zu jener Zeit noch nicht in Säcken transportiert, sondern zu Paketen verschnürt. So war das Paketschiff mit einem Postschiff gleichbedeutend. Daraus ging später die HAPAG – Hamburg-Amerikanische-Packetfahrt-AG – hervor. Pflanzen- und Tiernamen traten nur vereinzelt auf, häufiger dagegen abstrakte Hauptwörter wie »Hoffnung«, »Freundschaft«, »Brudertreue«, oder latinisiert »Providentia«, »Concordia«, »Justitia«. Es gab einen Hamburger, der nannte seine vier Schiffe »Frisch«, »Fromm«, »Fröhlich«, »Frei« nach dem Ausspruch des Turnvater Jahn. Einer scherzhaften Laune entsprangen wahrscheinlich »Apropos«, »Da Capo«, »Man zu«. Eine Gesellschaft verfiel auf die Idee, ihre Schlepper sogar nach Zeitungen zu benennen: »Amtsblatt«, »Börsenhalle«, »Daheim«, »Gartenlaube«, »Cladderadatsch«, »Reform«.

Besonders Linienreedereien gaben Flüssen und Städten, Inseln und Landschaften des jeweiligen Territoriums ihrer Bezie-

Aus einer Rede beim Stapellauf 1908 in Seedorf:

Ein Werk vieler Hände harter Arbeit sehen wir vor uns vollendet, in wenigen Minuten wird ein neues Schiff seinem nassen Element übergeben sein. Der Kapitän des Schiffes, Herr Wend,

hungen den Vorzug als Schiffsnamen. Bei einem Eigner ließ sich sogar das sogenannte Akrostichon feststellen. Die Anfangsbuchstaben der sieben Schiffe ergaben den Namen Hamburg, bestehend aus »Hammonia«, »Archimedes«, »Minerva«, »Britannia«, »Urania«, »Roland« und »Germania«. In Schottland hieß scherzhaft eine Reederei die Clan-Linie, weil sie allen ihren Wasserfahrzeugen die Namen schottischer Clans ⟨Stamm, Sippschaft⟩ gegeben hatte: »Clan Kenneth«, »Clan Angus«, »Clan Mactavish«. In den USA wiederum besteht die Präsidentenlinie, in der die Schiffe jeweils den Namen eines früheren Präsidenten erhalten, nicht den des zur Zeit regierenden. Es wäre ja auch fatal, ginge der im Amt befindliche Präsident »unter«. So ließen und lassen sich für verschiedene Reedereien die unterschiedlichsten Merkmale finden.

Der Stapellauf: Mit ihm hat das Schiff seine erste Probe zu bestehen. Umfangreiche Vorbereitungen sind nötig, um es sicher ins Wasser zu bringen. Das Schiff soll durch seine eigene Schwere von seinem Bauplatz, der Helling, heruntergleiten. Dazu werden die Ablaufbahnen aus starken Bohlen der Länge nach unter dem Schiffskörper hindurch bis ins Wasser an das Ende der Vorhelling gebaut. Auf diesen Gleitbahnen errichtet man unter dem Schiff Schlitten aus mächtigen Balken mit darauf befestigten Klötzen, die sich an die Form des Unterwasserschiffes anschmiegen. Um das Schiff auf den Schlitten zu bringen, werden Keile unter diese Stützklötze getrieben. Wenn der Koloß mit seiner ungeheuren Last auf dem Schlitten auf-

der schon durch sein Äußeres den Seemann von echtem Schrot und Korn kennzeichnet, ist, im besten Mannesalter stehend, nicht mehr unerfahren in seinem Beruf, und mit sicherer, fester Seemannshand wird er die Führung dieses seines neuen Schiffes übernehmen.

liegt, werden die Kiel- und Kimmstapel entfernt, auf denen er während seiner Bauzeit ruhte. Den vorzeitigen Ablauf des Schiffes verhindern Sperrhölzer, die Stopper, an beiden Seiten des Schlittens. Nach der Taufe werden die Haltevorrichtungen gelöst. Langsam erst, dann immer schneller, gleitet das Schiff über die zentimeterdick mit Talg und Seife eingeschmierten Ablaufbahnen ins Wasser. Damit es nicht auf das gegenüberliegende Ufer läuft, wird es gebremst. Man läßt Anker fallen und gewaltige, am Schiff befestigte Ketten – auf dem Land in Lagen nebeneinandergelegt – straffen sich und schleppen hinter dem

Schiff große Eisenstücke über den Grund oder ziehen Bremsschilde durch das Wasser, bis das Schiff zum Stillstand kommt.

So war es vor hundert und mehr Jahren. Im Prinzip hat sich bis heute wenig daran geändert, lediglich sind einige Varianten hinzugekommen, wie zum Beispiel das Absenken und der Querstapellauf.

Stapel bezeichnet in der mittelniederdeutschen Sprache eigentlich die Unterlage, die Schiffbauunterlage. Daher »auf Stapel legen«. Der Stapel ist auch als das Schiffbaugerüst oder die Baustelle bekannt. Zudem ist Stapel die Bezeichnung für einen Warenhaufen, für eine Waren-

Stapellauf der »Royal Oak« 1862

niederlage, ein im mittelalterlichen Handel häufig gebrauchtes Wort, vor allem im Zusammenhang mit Stapelrecht, Stapelzwang und Stapelplatz. In Mecklenburg wurde in der Vergangenheit bisweilen die Gerichtsstätte Stapel genannt.

Beim Stapellauf eines Schiffes wird seine Festigkeit ganz besonders beansprucht. Es läuft nach achtern ab, das heißt, es verläßt mit dem Heck zuerst die Ablaufbahn. Einige Augenblicke später wird der Auftrieb im Achterschiff sehr groß, während gleichzeitig das Vorschiff von der Ablaufbahn nur in einem Punkt gestützt wird. Das Schiff wird dabei so stark, wie vielleicht nie wieder in seiner bevorstehenden Einsatzzeit, nach unten durchgebogen. Es ist wie mit einem Menschen: Die Geburt überstehen heißt, das Entscheidende überstehen.

In dem Augenblick, da das Schiff gleitet, hält es keine Macht der Welt mehr auf – es wird zu einem Geschöpf mit eigenem Willen.

Ein Stapellauf ist ein Ereignis voller Bedeutung und Größe. Durch ihn wird in einer ganz kurzen Zeitspanne aus einem unbeweglichen Bauwerk ein »lebendes« Wesen mit spezifischen Eigenarten. Es galt daher in früheren Jahrhunderten, die unsichtbaren Geister, die Dämonen des Wassers, die diesem Wesen etwas anhaben könnten, günstig zu stimmen. Daher die Opfergabe, später das Trankopfer für jene unbekannten und undeutbaren Gewalten, die den Winden ihre Wege wiesen. Für den Seemann der Vergangenheit war das mehr als heute von Bedeutung, da Navigation, Seekarten und anderes fehlerhaft oder unvollständig waren.

 Dem sicheren Stapellauf galt die größte

Stapellauf des HMS »Rodney« 1884

Aufmerksamkeit. Wenn bei der Taufe oder dem Stapellauf ein Malheur geschah, dann sahen nicht nur Seeleute ein böses Omen darin, sie, die alle mit einem Quentchen Aberglauben behaftet waren, manche mehr und manche weniger.

Ereignisse dieser Art wurden hin und wieder allgemein bekannt und boten zu vielerlei Spekulationen Anlaß, sie bestärkten den Seemann und den Schiffbauer sogar in ihrem Aberglauben.

Richard Wossidlo sagt in seinem Buch »Reise, Quartier, in Gottesnaam«: »Trotz aller Bedenken ist das Wort Aberglauben

Stapellauf der »Agamemnon« 1815 in Rostock, zitiert nach John Brinckman aus seinem Buch »Von Anno Toback«:

Dann floß der Champagner in die Gläser, und genau in diesem Moment lief das Schiff ab. Als der Spiegel das Wasser berührte, lösten sich aus zwei Kanonen Böllerschüsse.

beibehalten worden, weil sich der Begriff schlecht anders wiedergeben läßt. Es versteht sich aber von selbst, daß es als rein objektive Bezeichnung ohne herabsetzende Überheblichkeit angewandt wird.« Dem ist heute nichts hinzuzufügen.

Im Deutschland des vergangenen Jahrhunderts wurden einige Schiffe auf Dichternamen getauft, und sie schienen nicht unter einem Glücksstern gebaut worden zu sein. Die »Frauenlob« ⟨so nannte sich der mittelalterliche Dichter und Sänger Heinrich von Meißen, 1250 bis 1318⟩ zum Beispiel, eines der ersten Schiffe der preußischen Marine, wurde 1860 auf einer Reise nach Ostasien von einem Taifun überrascht und ging verloren. Die »Goethe« sank im La Plata, und die »Schiller« scheiterte auf den Scilly-Inseln. Die »Herder« hatte einen Massenmörder an Bord, und bei der »Wieland« brach die Propellerwelle.

Einigen Schiffen war das Unglück richtig auf den Rumpf geschrieben. Da half nicht einmal der Namenswechsel. So hatte der englische Dampfer »Daphne« bereits beim Stapellauf auf dem Fluß Clyde den Tod einer Anzahl von Menschen verschuldet und war mit »Blut am Bug« abgelaufen. Die Zeit der Menschenopfer war längst vorbei. Kurze Zeit später sank das Schiff im gleichen Fluß. Es wurde gehoben, gereinigt, gedichtet und zur »Rose« umgetauft, und diese versank im Hafen Plymouth. Sie wurde erneut gehoben, strandete jedoch. Der Reeder ließ das Schiff für einige Zeit aus dem Verkehr ziehen, und als »Janthe« tauchte es wieder auf. Doch auch der neuerliche Namenswechsel war umsonst gewesen, denn bald darauf saß der Dampfer im Schlick fest.

Böse Vorzeichen

Die Merkwürdigkeiten der Schiffstaufen und Stapelläufe von drei Schiffen sollen uns ein wenig ausführlicher beschäftigen. Alle drei Schiffe trugen vor ihrem Namen das Adjektiv great – »Great Britain«, »Great Eastern« und »Great Republic«. Bei diesen Schiffen handelte es sich zum Teil um Bauten, die dem technischen Niveau ihrer Zeit schon vorausgeeilt waren, daher auch die Besonderheiten und Schwierigkeiten.

Zu den größten Schiffen der Welt gehörte zu ihrer Zeit die »Great Britain«. 1843 wurde sie im Bristoler Jeffries Dock vom Stapel gelassen und überraschte die Welt mit einer völlig neuen, revolutionierenden Schiffbaukonzeption. Sie war der erste eiserne Schraubendampfer, ein Werk von Isambard Kingdom Brunel, dem ungewöhnlichen Genie der viktorianischen Ära. Als Schiffbauingieur entwarf und baute er nicht nur die drei größten Schiffe seiner Zeit, sondern veranlaßte auch die rasche Ausweitung des Eisenbahnverkehrs und schuf bedeutende Brücken.

Der Stapellauf der »Great Britain«, wie könnte es anders sein bei einem solchen Giganten, war ein festliches Ereignis, allerdings mit bösem Vorzeichen. Als Prinzgemahl Albert das Schiff taufen wollte, flog die Sektflasche am Bug vorbei. Die Zuschauer erstarrten. Man reichte dem Prinzen rasch eine Flasche Whisky, doch manch einer munkelte: Das gibt ein Unglück. Das erste ließ nicht lange auf sich warten. Die »Great Britain« blieb in den Schleusen des Avon stecken. Um dort wieder herauszukommen und die Fahrt nach London fortsetzen zu können, mußte das Mauerwerk der Schleuse abgebrochen werden. Von

Stapellauf der »Agamemnon« 1815 in Rostock, zitiert nach John Brinckman aus seinem Buch »Von Anno Toback«:

»Lassen wir das nunmehr einstweilen gut sein, Herr Kapitän, uns liegt unter sotanen Umständen daran, sofort wieder an Land gesetzt zu werden.«

der britischen Metropole aus verliefen die ersten Transatlantikfahrten ohne Zwischenfall. Dann aber kam die von einigen Taufzeugen langerwartete und oft prophezeite Katastrophe. Im September 1846 nahm das Schiff von Liverpool aus seine Reise nach New York auf und geriet kurze Zeit später bei schweren Südweststürmen an die Küste Nordirlands und strandete. Dank seiner massiven Eisenkonstruktion konnten alle Passagiere und Besatzungsmitglieder gerettet werden. Die Eigentümer warfen einen Blick auf das Schiff und schrieben es ab. Nicht Brunel. Er arbeitete einfallsreich ein Wellenbrechersystem aus, um das Schiff vor den Winterstürmen zu schützen. Im darauffolgenden Frühjahr war die »Great Britain« wieder schwimmfähig und gelangte nach Liverpool. Nun hatte sie ihre schwierigste Zeit überstanden und verkehrte mit Unterbrechungen bis 1875 auf der Australienroute zur Beförderung von Fracht, Passagieren und Sträflingen. Übrigens gerieten auch andere Schiffe in den schweren Septembersturm 1846 und gingen verloren. Aber da die »Great Britain« zu ihrer Zeit eine Besonderheit, eine Einmaligkeit war, schenkte man diesem Schiff mehr als die allgemein übliche Aufmerksamkeit. 1886 mußte die nunmehr schon alte Dame vor Kap Hoorn einen Sturm abwettern und konnte nur mühevoll die Falklandinseln erreichen. Dort wurde sie ausrangiert und diente siebenundvierzig Jahre als Lagerschiff für Wolle, Kohle und Vorräte. 1936 sollte sie der britischen Marine als Zielschiff dienen. Diese aber wollte die »Great Britain« aus Loyalität nicht versenken. 1971 erinnerten sich Freunde der Schiffahrt des Wracks und riefen eine Bewegung zu seiner Rettung ins Leben, um es als Seemonument zu erhalten. Der Appell hatte Erfolg, und einhundertundsiebenundzwanzig Jahre nach dem Stapellauf wurde das Schiff auf Pontons gebracht, abgedichtet und im schwierigen Schleppzug nach England überführt.

Den wohl in der Geschichte der Seefahrt längsten und schwierigsten Stapellauf hatte die ebenfalls von Brunel erbaute »Great Eastern«. 1859 in Dienst gestellt, blieb sie bis 1902 mit zweihundertelf Metern Länge das größte Schiff der Welt. Im Februar 1854 begann der Bau auf der in der Themse liegenden Hunde-Insel. Die Geschichte vom »Großen Schiff« sprach sich schnell herum, und bald bevölkerten etwa 2000 Menschen dieses ehemals sumpfige und verlassene Eiland. Ein ganzes Dorf mit vielen kleinen Läden und Trinkstuben entstand rings um den Bauplatz. Zügig setzte die Werbung ein, und es verging kaum ein Tag, an dem das Schiff in der britischen Presse keine Erwähnung fand. Diente der schwimmende Koloß einer so bedeutenden Kolonialmacht wie England doch auch als

Viermast-Gaffelschoner »Cordelia E. Hayes« vor dem Stapellauf 1901

ein politischer Faktor, er demonstrierte den Willen, die Vorherrschaft auf See zu behaupten. »Leviathan« – Seeungeheuer im Alten Testament und zugleich Sternbild des großen Himmelsdrachen – war der ursprünglich vorgesehene Name, doch beim Stapellauf wurde das Schiff zur Überraschung vieler auf »Great Eastern« getauft. Stimmen ließen sich vernehmen, die diesem heimlichen Namenswechsel nichts Gutes nach- und vorhersagten. Die Arbeit ging dennoch voran. 30000 Stahlplatten mit sechs Millionen Nieten ergaben einen gewaltigen Rumpf. Vierhundert Nieter arbeiteten zwölf Stunden täglich, sechsmal in der Woche, insgesamt dreieinhalb Jahre.

Am 30. Oktober 1857 war Stapellauf. Die Bauherren und die Londoner Prominenz hatten sich versammelt. Die Sektflasche zerschellte am Bug, aber das Schiff rührte sich nicht vom Fleck. Warten bis zur nächsten Flut. Vergeblich. Tage und Wochen vergingen. Hydraulische Winden und Pressen kamen zum Einsatz. In einem Monat hatte sich die »Great Eastern« nur vier Meter bewegt. Ketten zerbrachen, Zylinder barsten, Menschen erlitten Verletzungen. Brunel wandte sich an seinen alten Freund Robert Stephenson. Der stellte seine stärkste Presse zur Verfügung. Nun ging es Tag für Tag ein Stückchen weiter voran. Am Morgen des 30. Januar 1858 begann die Flut ungewöhnlich schnell zu steigen, so daß das große, schwere Werk nach neunzig Tagen abgeschlossen werden konnte. Das Schiff schwamm frei im Wasser. Die Kosten allerdings waren doppelt so hoch geworden als ursprünglich geplant, und nach Monaten erst konnten die notwendigen 340000 Pfund zum weiteren Ausbau

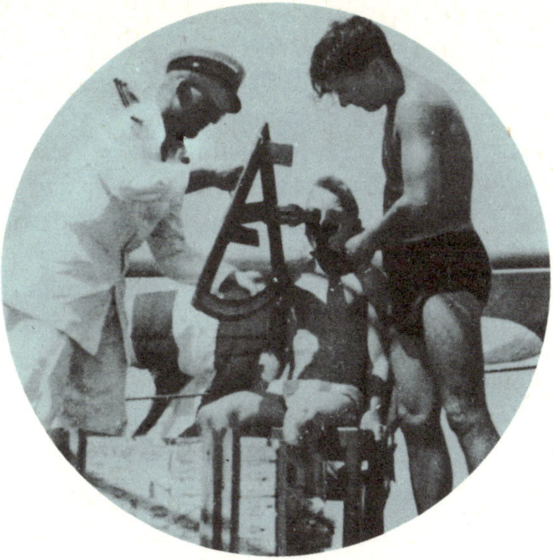

Der Getaufte kann im Sextanten die »Linie« erblicken, 1952

aufgebracht werden. Mit dem besten Material wurde nicht gespart: exotische Hölzer, kostbare Seidentapeten, wertvolle Wandmalereien, Bäder mit fließendem heißen und kalten Wasser, alles im Überfluß.

Ende August war die »Great Eastern« fertig. Brunel, bereits schwer krank, machte noch eine ausgedehnte Inspektion und erlitt kurz darauf einen Kollaps. Er sah sein Werk zum letzten Mal. Am 9. September löste sich das Schiff vom Kai und nahm unter dem Jubel von Tausenden Menschen Fahrt auf. Doch kurze Zeit später kam es durch die Explosion eines Kessels zum ersten Unglück. Fünfzehn schrecklich verletzte und verbrannte Heizer krochen aus dem Maschinenraum, fünf von ihnen starben an Bord. Einer wurde bei dem Versuch, ins Wasser zu springen, von den Schaufelrädern erfaßt und zerquetscht. Brunel, bereits auf dem Krankenbett liegend, hörte von dem Unglück, erlitt einen Schock und starb.

Monate vergingen, ehe die »Great Eastern« wiederhergestellt, zur Jungfernfahrt auslaufen konnte. Mit 4000 Passagieren ging sie in zehn Tagen nach New York. Alles verlief gut, aber Kapitän Hall erlitt einen Nervenzusammenbruch. Die psychische Belastung durch den schwimmenden Riesen war für ihn zu groß gewesen.

Im Laufe der folgenden Jahre machte die »Great Eastern« Reisen als Passagierschiff, mußte jedoch infolge zu starken Schlingerns, das für die Passagiere unerträglich war, anders eingesetzt werden: als Truppentransporter, Kabelleger, Lagerschiff, Quarantänehospital, schließlich als Ausstellungsschiff in Liverpool. Das war vielleicht die schönste Zeit für die Menschen der Umgebung: Musiksalons und Tanzböden, Cafés und billige Restaurants, die »camera obscura«, Zauberer, Varietés, Wahrsagerinnen, Kunstschützen, Fotostudios und vieles andere lockten die Schaulustigen auf das große Schiff.

Häufig geschah es beim Stapellauf, daß eine größere Anzahl von Personen – Taufgäste, Kapitän, ein Teil der Besatzung und die Schiffbauer – sich an Bord befand. Doch ein verheerendes Ereignis setzte diesem Brauch vielerorts ein Ende.

1889 trat die »Great Eastern« ihre letzte Reise an, zum Abwrackplatz. Beim Auseinandernehmen des stählernen Riesen hatten zweihundert Menschen zwei Jahre lang Beschäftigung. Dabei fanden sie zwei Skelette von Arbeitern, die beim Bau des Schiffes versehentlich im Doppelboden eingenietet worden waren.

Heute ist am Ufer der Themse noch eine Markierung an der Stelle zu finden, wo einst das Drama mit dem Stapellauf begann.

Ein Tag im Oktober des Jahres 1853: Die Stadt und der Hafen Boston hatten ihr Festkleid angelegt. Die Geschäfte ruhten. Die Schulen gaben den Kindern frei. Dreißigtausend Menschen ließen sich von den

Fähren nach East Boston übersetzen, und auf den Kais und der Marinewerft am Nordende der Stadt drängten sich mindestens noch einmal so viele. Alle reckten die Hälse und wollten sehen, was sich in der Werft von McKay tat.

Der Name Donald McKay, er war wohl der berühmteste Klipperschiffbauer, der zwischen 1850 und 1860 so bekannte Segler wie »Stag Hound«, »Flying Cloud«, »Flying Fish« und »Westward Ho« entstehen ließ, war bereits zu seinen Lebzeiten Legende geworden. Nun lag eines der schönsten Segelschiffe aller Zeiten bereit zum Stapellauf, die »Great Republic«. In vollendeten Linien der schlanke Rumpf, glänzend schwarz von der elegant geschwungenen Verschanzung bis zur Wasserlinie hinab. Die Kupferplatten schimmerten golden in der Sonne. Auf der Plattform vor dem Bug stand eine Gruppe von Menschen, die die Taufe vollziehen wollten.

Kapitän Fred Schmidt beschrieb in seinen »Bräuchen der Seeleute« diese Gruppe so: »Ein paar kernige Männer in einem Kranz heller Kleider und rosiger Gesichter – das ist es, was einem neuen Schiff behagt, das gibt ihm Freude und erhöht den Mut für die langen Reisen. Was aber hatte man hier dem großartigsten aller Clipper vorgesetzt? Ein maulwetzendes Kaffeekränzchen war das, ein vertrocknetes Sittlichkeitskomitee, eine Horde alter Schachteln, angeführt von dem, was für ein Seeschiff der Schrecken aller Schrecken bedeutet: einen Himmelslotsen – den Diakon Moses Grant in bratenrockumwallter naphtalinduftender persona! Und an der Spitze des Trupps ein abgenutztes Mannsbild, für

Als der engliſche Dampfer »Daphne« 1883 in der Werft von Linthouſe, unterhalb Glaſgow am Clyde, von Stapel lief, erwies er ſich als topplaſtig und kenterte nach Backbord. Von den an Bord befindlichen 200 Menſchen ertranken 120 bei dem Unglück.

Wein-Weib-Gesang längst verloren, ein Feind der warmen Daseinsfreuden, ein Überfälliger auf der Route des Lebens, die verschlissene Hülle eines ehemals allzu eifrig Genießenden und darum nun strengen Abstinenten, das kläglichste Stück Menschheit, dem man auf dem trockenen Lande begegnen mag: einem alten Kapitän, der ›heilig‹ geworden ist. Und in der Hand hielt er hinterhältig eine Flasche Mineralwasser bereit...«

Das konnte natürlich nicht gut gehen, und Donald McKay selbst sah diesem Ereignis zweifelnd entgegen, obwohl er ursprünglich und erstmalig seine Zustimmung zu einer Taufe mit Wasser gegeben hatte. Da zersplitterte schon die Flasche am Steven, aber kein Schaum von Sekt, kein Duft des alten Weines – fade klekkerte das Wasser an den Bug. Unter Böllerschüssen und lauter Musik glitt das Schiff in sein Element. Tosend stiegen begeisternde Rufe auf die »Great Republic« und ihren Erbauer in die Lüfte. Donald McKay aber verließ nachdenklich den Ort des Geschehens.

Drei Monate später fiel der Schlag. Am New Yorker Kai nahm die »Great Republic« ihre Ladung an Bord, und in den Kontoren, Schankstuben, im Hafen und auf den Werften gab es nur noch ein Thema, der Klipper von McKay. Er würde allen anderen Schiffen in der Welt den Rang ablaufen. Plötzlich die Schreckensnachricht: In der Nacht zum 27. September war der Stolz der Nation bis auf die Wasserlinie niedergebrannt. Was war geschehen? Nur einen Häuserblock vom Liegeplatz der »Great Republic« entfernt, war ein Feuer ausgebrochen, also an Land. Doch der Wind trieb die Flammen auf das Schiff zu. Die Fock fing Feuer, Mars- und Bramsegel loderten. Man versuchte, die Masten zu kappen. Doch auch sie brannten schon zusammen mit dem Tauwerk, mit Rahen und anderen Segeln lichterloh.

Zwei Tage schlugen die Flammen aus dem Schiff. Die Versicherungsfirma gab den Klipper auf. Das Wrack wurde verkauft und zur Wiederherstellung auf eine Werft gebracht. Nach einem Jahr konnte die »Great Republic« ihre verspätete Jungfernfahrt nachholen, es ging nach London.

Ganz sicher hat das Unglück nicht an dem Taufwasser gelegen, denn nicht überall in der Welt wurden und werden alkoholische Getränke für die Taufe eines Schiffes benutzt. Als in den Vereinigten Staaten von Nordamerika das Alkoholverbot bestand, wußte man sich auch mit anderen Flüssigkeiten zu helfen, beispielsweise mit Coca-Cola.

Schiffstaufen bei anderen Völkern

In Indien verwendet man keinen Alkohol bei Schiffstaufen, in vielen anderen Ländern Asiens auch nicht. Für indische Schiffe ist, entsprechend der Tradition, ein anderes Zeremoniell üblich, das von einem gläubigen Hindu zelebriert werden muß. Das ist im Heimatland so und auch in der Fremde, wenn ein Schiff für Indien auf einer europäischen Werft vom Stapel läuft. Mister Bindur Konnur war in Europa lange Zeit Zelebrant aller indischen Schiffstaufen, die nach folgendem Ritus vollzogen werden: Unter einem Blütenkranz, meist aus Rosen und Nelken, ziert ein indisches Schriftzeichen den Bug des Schiffes. Dieses Zeichen soll Gefahren vom Schiff abwenden. Eingehüllt in ein weißes Priestergewand, bittet der Hindu in melodischem Singsang den Gott Ganesh, die schützende Hand über Besatzung, Schiff und Fracht zu halten. Symbolische, Ganesh dargebrachte Opfer folgen. Rote Farbe versinnbildlicht die Erde, auf der das Schiff gebaut wurde und zu der es immer wieder zurückkehren möge. Blumen stellen den Himmel dar, unter dessen gütigen Sternen dem Schiff allzeit gute Fahrt beschieden sei. Schließlich gibt es gefärbte Reiskörner, die den Schöpfungsakt, der alle belebten und unbelebten Dinge hervorbrachte, darstellen soll. Sowohl Gebete als auch Gesänge bei der Handlung sind in Sanskrit, der Hochsprache der klassischen altindischen Literatur, niedergeschrieben und stammen aus dem Buch Weda, dem Buch des Wissens. Glimmende Räucherstäbchen verbreiten angenehmen Wohlgeruch, und aus mehreren goldenen oder vergoldeten Becken züngeln Opferflammen empor. Höhepunkt ist dann der eigentliche Taufakt, den meist ein Frau vollzieht. Keine Sektflasche, sondern eine Kokosnuß ist es, die sie an den Bug wirft. Diese Frucht entspricht nach indischer Sage dem Menschen. Das Faserbüschel an der Spitze stellt den Kopf mit dem Haarschopf dar, die runde Form den Leib und der Saft schließlich das Blut: Auch eine Erinnerung an frühere Menschenopfer. Die bereits angesägte Kokosnuß zerplatzt am Schiffskörper. Ihr Saft ergießt sich über die Stahlplatten, und das fallende Tuch enthüllt den Namen des Schiffes.

Noch einmal zeichnet die Taufpatin die Schriftzeichen mit roter Farbe nach, heftet einige Blütenblätter an den Bug, bis dann die indische Nationalhymne erklingt und das Kommando »Stopper los« den Stapel-

Die Taufpatin des Schiffes zeichnet das indische Schriftbild nach. Taufe des Frachters »JALAMAYUR« in der Warnowwerft 1970

lauf einleitet. Teile der Kokosnuß werden auf einem Brettchen befestigt und dem Kapitän als Talisman überreicht.

Mit einer Kokosnuß ließ auch Thor Heyerdahl 1947 im peruanischen Hafen Callao sein Floß auf den Namen »Kon-Tiki« taufen. Er schreibt darüber: Gerd Volk, Sekretärin der Expedition und Verbindungsglied zum Festland, sollte das Floß mit der Milch einer Kokosnuß taufen, zum einen, um im Stil der Steinzeit zu bleiben, zum anderen, weil der Champagner durch ein Mißverständnis am Boden von Torsteins Privatkiste gelandet war. Nachdem unsere Freunde auf englisch und spanisch zu wissen bekommen hatten, daß das Floß seinen Namen zur Erinnerung an den mächtigen Vorgänger der Inkas erhalte, jenen Sonnenkönig, der vor eineinhalb Jahrtausenden von Peru über das Meer nach Westen entschwand und in Polynesien wieder auftauchte, wurde das Floß von Gerd Volk ›Kon-Tiki‹ getauft. Sie klatschte die angespaltene Kokosnuß so hart gegen den Bug, daß Milch und Kernfleisch allen ins Haar spritzten, die andächtig in der Nähe standen.«

Altertümliche Taufelemente prägen heute noch die Stapelläufe im hochindustrialisierten Schiffbau der modernen Großwerften Japans. Symbolisch säubern Shintopriester mit geweihten Zweigen den Stapellaufplatz. Am Vorsteven der blumen- und flaggengeschmückten Schiffe wird eine aus roten und weißen Segmenten lose zusammengesetzte Papierkugel befestigt, die mit Luftballons, Papierschlangen und Konfetti gefüllt ist und in die zusätzlich Tauben eingesetzt werden, fünfzig Stück bisweilen. Beim Ablauf von der Helling reißt die Kugel auf. Ihr bunter Inhalt überschüttet die Festgäste. Die glückverheißenden Tauben und die Ballons flattern und schweben davon. Zuvor hat die in altjapanische Tracht gekleidete Taufpatin eine vom Schiff zum Land gezogene Leine, eine Nabelschnur, symbolisch die Beziehung zwischen Schiff und Land, Wasser und Erde darstellend, mit dem Beil gekappt. Nun ist jede Verbindung mit dem Land gelöst, und das Schiff geht in sein ihm vorbestimmtes Element.

Ähnlich sind die Bräuche in China. Auch hier ist die Taufe alkoholfrei. Der Bug des Schiffes prangt in der Zierde bunter Bänder und Luftballons. Von dort bis zur Taufkanzel ist ein rotes Band gespannt, das mit der Schere zerschnitten wird. Nach dem Stapellauf erhält der Kapitän diese als Geschenk.

In Ozeanien beginnt die Festlichkeit des Stapellaufes mit der Beachtung bestimmter, als glückbringend angesehener Tage oder Tageszeiten. Sie wird eingeleitet durch die Dekoration des Bootes oder

Ein Augenzeuge berichtet 1919 über seine Eindrücke 1869 in Ribnitz anläßlich eines Stapellaufes:

Da ſtand der Dreimaſtſchoner »Graf Behr Negendank«. Ich ſehe ihn noch klar und deutlich im Stadtgraben liegen, als er abgelaufen war. Was für ein ſtattliches Schiff, von unſerem alten Baumeiſter Dierling feſt und ſicher gebaut. Vorn an der Naſe

Schiffes mit farbigen Tüchern, Perlenschnüren, Blütenketten und Blumenkränzen. Farbige Pasten zieren die Bordwände mit ornamentalen Mustern. Weihrauch verströmt seine Düfte, und zahlreiche Öllämpchen illuminieren das Fahrzeug. Unter Singen, Schreien und Böllerschüssen übergibt die männliche Jugend das getaufte und geweihte Schiff dem Wasser und beendet den Tag mit festlichem Schmaus, Spiel und Tanz.

Dieser Festschmaus ist vielerorts ein wichtiger Abschluß, und Belege dafür gibt es unter anderem bereits von 1650 über Stapelläufe in der schwedischen Stadt Kalmar. Dort nannte man den Schmaus »Utloops-øl«, etwa Stapellaufbier bedeutend.

In der Bretagne wurden Stückc von geweihten Oblaten in fünf kreuzförmig angebrachte Bohrlöcher im Vorsteven gesteckt, und die Taufgesellschaft sang gemeinsam christliche Choräle.

In England erfolgte die Taufe ursprünglich mit einem Guß des besten Weines aus einem vergoldeten Pokal, später durch die mit Wein gefüllte Flasche ersetzt. 1811 ordnete der britische Prinzregent Georg IV. an, daß hinfort auch Damen der höchsten Gesellschaft als Taufpatinnen zugelassen seien. Seitdem verbreitete sich die Sitte, daß Frauen den Taufakt vollziehen, allmählich über die ganze Welt.

Beim Stapellauf in Brasilien und in anderen südamerikanischen Ländern spielt die »Konfettikanone« eine besondere Rolle. Dieses nur dem Namen nach kriegerische Instrument besteht aus einem sich bis zur Mündung verjüngenden Rohr und einem großen Trichter, in den ein Sack voll Konfetti hineingeschüttet wird. Nachdem die

eine hübſche Figur, die wir Jungen bewunderten. Es war ein Eiſbär, der ſeine Pranken an die Schultern gelegt hatte und auf der Bruſt das Behrſche Wappen trug. Was für ein Feſttag, als das Schiff von Stapel lief, und Kapitän Kindorff erhielt von allen Seiten Glückwünſche.

Sektflasche zerschellt ist, wirbelt ein Preßluftschlauch das Konfetti über das Schiff. Gleichzeitig steigen Luftballons auf, knallen Feuerwerkskörper und erschallt Blasmusik. Dabei läuft das Schiff ab. Dieser Brauch ist nicht nur zur Zeit des Karnevals üblich.

Glaubensfragen, Koranbestimmungen und altüberlieferte Riten beeinflussen in orientalischen und arabischen Staaten, zum Teil auch in Griechenland, das Taufgeschehen. Statt Alkohol wird häufig Wasser aus der heiligen Quelle Zenzen, nahe der Kaaba in Mekka gelegen, verwendet.

Schließlich gibt es einige Reeder, die besonders einfallsreich und phantasievoll zu Werke gehen. Der dänische Schiffseigner Lauritzen zum Beispiel: Ein Fruchtschiff wurde mit Apfelsinensaft getauft; das Polarschiff »Kista Dan« bekam einen Klumpen Eis gegen den Bug geworfen, die »Magga Dan« mußte sich mit Nordseewasser begnügen, und für die »Lilla Dan«

Neptun und der Doktor auf einer dänischen Fünfmastbark, dem Schulschiff »Kopenhagen« 1926

Eine Äquatorfeier ohne Taufe. Beim Überqueren der Linie auf der dänischen Fregatte »SJAELLAND« 1860

Rasierzeremonie 1790

Mannschaftsball auf dem französischen Kriegsschiff »SAÔNE« 1856